2019年国家社科基金项目：
滇桂边境民族地区农业生态资本化运营扶贫研究（19BSH064）

吉林省农村地区
生活水准的
影响要素的统计分析

尹元福◎著

西南财经大学出版社

中国·成都

图书在版编目(CIP)数据

吉林省农村地区生活水准的影响要素的统计分析/尹元福著.--成都:
西南财经大学出版社,2024.8
ISBN 978-7-5504-4795-0

Ⅰ.①吉…　Ⅱ.①尹…　Ⅲ.①农村—生活水平—影响因素—统计
分析—吉林　Ⅳ.①C913.3

中国版本图书馆 CIP 数据核字(2021)第 022224 号

吉林省农村地区生活水准的影响要素的统计分析
JILIN SHENG NONGCUN DIQU SHENGHUO SHUIZHUN DE YINGXIANG YAOSU DE TONGJI FENXI

尹元福　著

责任编辑:李特军
责任校对:冯　雪
封面设计:墨创文化
责任印制:朱曼丽

出版发行	西南财经大学出版社(四川省成都市光华村街55号)
网　址	http://cbs.swufe.edu.cn
电子邮件	bookcj@swufe.edu.cn
邮政编码	610074
电　话	028-87353785
照　排	四川胜翔数码印务设计有限公司
印　刷	四川煤田地质制图印务有限责任公司
成品尺寸	170 mm×240 mm
印　张	11.25
字　数	151 千字
版　次	2024 年 8 月第 1 版
印　次	2024 年 8 月第 1 次印刷
书　号	ISBN 978-7-5504-4795-0
定　价	68.00 元

前　言

　　改革开放四十多年来，中国经济实现了飞速增长。但是，与这不相协调的是我国部分农村地区较差的生活水准所引起的城乡差距的扩大。解决农业基础仍然薄弱、农村发展仍然滞后、农民增收仍然困难的"三农"问题已经成为党中央的头等大事。为了提高农民收入、缩小城乡差距，我国政府推出了农业税改革、缓和劳动力流动、农业生产结构调整等多项措施，但城乡差距、东西部地区差距依然巨大。其中，在自然生活条件恶劣地区的农村居民户的脱贫致富是难点，信息不畅、交通不便、资源贫瘠等地区因素都成为提高农村居民非农业收入的障碍；并且，农村地区、少数民族地区的贫困问题都有可能发展为民族问题、政治问题和社会问题。

　　因此，在中国共产党第十一届三中全会上，邓小平同志提出："在经济政策上，我认为要允许一部分地区、一部分企业、一部分工人农民，由于辛勤努力成绩大而收入先多一些，生活先好起来。一部分人生活先好起来，就必然产生极大的示范力量，影响左邻右舍，带动其他地区、其他单位的人们向他们学习。这样，就会使整个国民经济不断地波浪式地向前发展，使全国各族人民都能比较快地富裕起来。"非均衡发展战略的实施，使沿海地区经济得到高速发展。20 世纪 90 年代起，我国区域发展战略开始由非均衡发展转向协调发展，区域发展协调性显著增强。我国把促进地区经济协调发展提到了重要的战略高度，并确立了地区经济协调发展的指导方针，先后制定和实施了西部大开发战略、东北地区等老工业基地振兴战略、促进中部地区崛起战略、鼓励东部地区率先发展战略以及主体功能区战略等，由此我国区域协调发展战略的总体思路基本形成，全面实施。

从另一个方面看，区域协调发展战略的实施意味着从单纯强调经济增长最优先到重视民生的转变。党的十六大提出了"全面建设小康社会，开创中国特色社会主义事业新局面"的长期战略，2006 年的中国经济社会发展轨道的"十一五"规划（2006—2010 年）将解决"三农"问题、促进区域协调发展、切实加强和谐社会建设作为建设重点。

经济增长是民生之本，为了提高居民生活水准，本研究带着这样的认识去进行实证分析。这是本书研究经济增长因素和生活水准的一个重要的落脚点。并且，在经济发展的过程中，产业结构的转变和地区间资源的差异能给农村经济带来怎样的影响，是本书关心的焦点。

本书的研究对象是拥有广袤而肥沃的黑土地、中国重要的商品粮基地的吉林省农村地区。本书对影响生活水准的地区因素、产业生产力、地方财政做了全面分析，并从横截面、时间序列的角度进行了立体考察，对地区类型进行了划分，为制定适应地区特点的政策提供了理论和实践依据。本书选择了三级行政区的县域地区进行研究，具体内容如下：

首先，在充分认识吉林省存在地区差距现状的基础上，从农业内部要素和农业外部要素出发，分析出影响生活水准的重要因素——地区经济因素和地区产业因素，进而提出地区协调发展的建议。因此，本书根据二次统计资料，从横向角度对吉林省农村地区生活水准的影响因子进行了主成分分析。

其次，从横向分析中得出，地区生活要素的农业内部因素和农业外部因素，对生活水准产生了不同程度的影响，因此，进一步从农业内部因素和农业外部因素来考察生活水准的影响因素，从横向的静态分析到动态分析，本书根据对影响因素的推移分析，为自然条件、经济条件相似的县域地区提供政策参考。我们可以通过分析预测拥有 22 个商品粮生产基地的传统农业县和新兴工业县之间的经济发展形式上的差别。因此，本书以农业生产因素指标和社会经济因素指标为中心，收集了时间序列数据，运用主成分分析等分析方法得出农业生产力（主成分）和社会经济力指标（主成分），然后对农村经济生活水准进行三期比较分析。

最后，根据影响农村生活水准的社会经济力和农业生产力的主成分分值进行了地区类型化和区域间对比，从而揭示类型化地区的特性，总结吉林省农村地区生活水准的影响要素。

本书共分为六章。

第一章对研究背景、问题意识及研究课题进行了论述，并对先行研究进行了总结。

第二章阐述了本研究引用数据的分析框架、方法和步骤；对研究中引用的数据进行了加工，并详细阐述了数据加工处理的依据和过程。

第三章以解释农村地区生活水准结构和要素构造为目的，进行主成分分析，论述因子分析过程并解释它的含义。首先，根据假设分类的 12 个一级指标体系由 147 个变量合成。对每个一级指标体系进行主成分分析，得出 40 个新指标（主成分），在主成分分析中采用了共同度的设定，设定值为 $h_i^2 \geq 0.5$，排除 0.5 以下的原始变量后，再进行主成分分析，直到全部一级指标体系中的变量的共同度大于或等于 0.5 为止。这就保证了从原变量空间到公共因子空间的转化好的同时，大量收集的数据的一致性，减少了由人为的惯性思维造成的失误。其次，为了减少对被解释变量（吉林省农村地区生活水准）的影响因素的丢失，本书采用了特征值在 1 以上、贡献率在 80% 以上的标准确定主成分个数。从农业内部要素的指标体系中，将 60 个原变量浓缩成 15 个主成分；从农业外部要素的指标体系中，将 35 个原变量浓缩成 13 个主成分；在中介变量中，农业生产力由 20 个原变量浓缩到 5 个主成分，工业生产力由 10 个原变量浓缩到 4 个主成分，地方财政由 8 个原变量浓缩到 3 个主成分，吉林省农村地区生活水准由 16 个原变量浓缩到 5 个主成分。最后，用上述分析中得到的主成分数量，进行相关分析、路径分析，揭示农业生产力、工业生产力和吉林省农村地区生活水准的影响要素，具体分析过程见第三章。

第四章对影响吉林省农村地区生活水准的规定要素，进行了时间序列的考察。在时间序列考察中，运用了回归分析法，得出农业生产力和社会经济力对吉林省农村地区生活水准的影响差别巨大，并对比了 3 期的要素变化。

第五章为考察吉林省整体的发展情况，利用 3 期的影响要素（农业生产力和社会经济力）进行了聚类分析。在聚类分析中选取的样本距离测量方法是欧几里得度量法（euclidean metric），小类合并的方法采用了离差平方和法（ward method）。通过观察 3 期的类型间变化，得出 8 个相对稳定的地区类型。我们发现，在类似地区要素（农业生产力和社会经济力）的条件下，类型地区内却出现了不同的发展状况。这一结果为我们提供了在不同发展水平的县域地区间相互借鉴经验的可能性的依据。

第六章主要阐述了本书的研究结果、研究不足及课题后续研究方向。

本书主要得出以下分析结果：

首先，从横向分析中得出，对中介变量的影响要素最有解释力的是化肥、机械普及率。吉林省作为中国商品粮生产基地，一直在大力普及农业技术，且农业生产力得到显著提高。这依存于农作物品种的改良、灌溉设施的完善和农业机械的普及；此外，吉林省以化肥聚集型投入为特点的亚洲农业发展模式，符合现有的吉林省农业生产力提高的需求。

其次，对农业生产力有直接影响的因素是玉米耕种面积比重（主成分）。玉米耕种面积比重越高，说明该地区的农业生产力越高。结合主成分分析结构的原变量，玉米耕种面积比重越高，意味着在斜面 25 度以上的山坡地，大豆耕种面积越少。这样的特征反映出吉林省耕种农作物的品种结构。另外，"退耕还林还草"措施中的重要一环是斜面25度以上的山坡地的还林工程，农业生产条件恶劣的斜面25度以上的山坡地的耕种面积的减少，导致农作物耕种面积的减少，间接促进了农业生产力的提高。

最后，"农业资本投入–土地"一级指标体系中得到的优质经济作物耕作面积（主成分）对农业生产力产生了直接影响，且是反向影响。结合主成分分析结构的原变量可知，有效灌溉面积越大，经济农作物耕种面积就越大，农业生产力就越低。总体而言，除玉米、大豆、水稻以外的传统耕种品种（如人参、麻、蔬菜等经济型农作物）对农业生产力的提高具有负向作用。由此可见，吉林省经济类农作物的耕种面积小、农业资本投入少、没有形成资本劳动聚集效果。

综合以上分析，吉林省生产力高的农村地区属于玉米耕种面积比重高，机械、化肥普及率高的地区。上述地区的经济类农作物的耕种面积有限，属于以传统耕种农业为主的地区。

尹元福

2022 年 1 月

目　录

第一章　研究课题及其背景 / 1

第一节　中国地区政策的转变背景 / 1

第二节　问题意识 / 4

第三节　研究课题 / 7

第四节　研究评述和研究方法 / 8

第五节　研究结构 / 15

第二章　数据的结构和分析方法 / 18

第一节　分析框架 / 18

第二节　分析方法 / 22

第三节　分析步骤 / 23

第四节　分析中使用的数据结构和分析层次的设定 / 25

第五节　亏损值的处理 / 28

第六节　变量的说明 / 33

第七节　总结 / 40

第三章　农村地区生活水准的影响因素结构分析 / 42

第一节　问题意识 / 42

第二节　农村地区生活水准变量的主成分结构 / 43

第三节　解释变量的主成分结构 / 54

第四节　影响农业生产力的因素分析 / 73

第五节　影响工业生产力的因素分析 / 82

第六节　影响地方财政的因素分析 / 89

第七节　影响农村地区生活水准的因素分析 / 94

第八节　总结 / 104

第四章　对农村地区生活水准产生影响的地区因素分析
　　　　（按时期分析）/ 109

第一节　问题意识与研究课题 / 109

第二节　对农村地区生活水准产生影响的社会经济因素的
　　　　时间序列推移的讨论 / 112

第三节　各时期对农村地区生活水准产生影响的主要原因 / 128

第四节　总结 / 133

第五章　依据对农村地区生活水准产生影响的原因进行地区
　　　　类型化分类 / 135

第一节　问题意识与研究课题 / 135

第二节　第 I 期（1998 年）地区类型化 / 139

第三节　第 II 期（2001 年）地区类型化 / 146

第六章　结论和课题后续研究方向 / 152

参考文献 / 159

后记 / 168

第一章　研究课题及其背景

第一节　中国地区政策的转变背景

一、市场经济过渡时期的地区政策

改革开放以来，中国经济逐步从社会主义计划经济转向社会主义市场经济。伴随着这一经济体制的转换，中国经济走上了快速增长的轨道，市场化、全球化进程显著加快。在过去的四十余年里，我国国内生产总值年均增长超过 9%。2006 年 2 月，中国的外汇储备超过日本，成为外汇储备最大持有国，同年 10 月末的外汇储备余额就已突破万亿美元，达到 10 096.26 亿美元，可以说是"中国奇迹"的经济发展。

经济改革取得显著成果的同时，通货膨胀、国有企业经营不善、粮食生产停滞、"三农"问题①、失业率增长、地区差距扩大等各种矛盾也产生了。其中，地区差距迅速扩大的问题尤为严重。而出现这个问题的主要原因除受客观因素影响之外，还与政府调整区域政策所带来的影响有关。伴

----

① 《中华人民共和国国民经济和社会发展第十一个五年规划纲要》（2006—2010 年）把解决"三农"问题摆在战略重点和主要任务的首位。"三农"问题，是指"农"的三个问题，即"农业"的低生产率、"农村"的贫瘠、"农民"的贫困，是威胁中国经济社会持续发展的不稳定因素。

随着 1978 年开始的改革开放，区域政策重视效率和发展方向，东部沿海地区率先发展，并成为引领中国经济的力量。总体上说，鼓励东部沿海地区率先发展的政策取得了很大的成功。东部沿海地区经济的快速增长，不仅显著增强了东部沿海地区的经济实力，也明显提升了东部沿海地区的辐射带动能力，加快了内陆地区的经济增长（高于改革开放前的速度），从而有力地促进了国家综合实力和国际竞争力的增强。与此同时，随着鼓励沿海地区率先发展战略的成功实施和东部地区经济的迅猛增长，经济发展在空间上不平衡的问题越来越突出。在此背景下，根据邓小平同志关于"两个大局"的构想，在制定《国民经济和社会发展"九五"计划和 2010 年远景目标纲要》时，中央明确提出了区域经济协调发展的思路，并先后于 1999 年、2003 年和 2005 年提出了"西部大开发""振兴东北地区等老工业基地""促进中部地区崛起"等战略。由此，中国的区域政策从以"先富共富论①"为基础的非均衡发展战略转变为区域协调发展战略。

加藤（1997）将改革开放以来中国地区开发的目的整理为以下两个方面：一是以促进市场经济化为目的的地区开发，这是以加快经济发展、形成全国统一市场为目的的非均衡发展战略（鼓励东部沿海地区率先发展）为基础的地区开发。二是以地区间协调为目的的地区开发，以缩小非均衡发展战略带来的地区差距，其中包括对贫困地区的支援、相对落后地区的产业振兴、落后地区和先进地区之间的生产要素的转移政策等。

二、非均衡发展战略的概要和问题点

非均衡发展战略主要有三个方面。

一是第七个五年计划"中华人民共和国国民经济和社会发展第七个五年计划"的主要任务是使改革更加顺利地展开，基本上奠定有中国特色的

---

① 邓小平同志明确提出，"一部分地区、一部分人可以先富起来，带动和帮助其他地区、其他的人，逐步达到共同富裕""我的一贯主张是，让一部分人、一部分地区先富起来，大原则是共同富裕"。这一发展思路，也被人们简称为"先富共富论"。

社会主义市场经济体制的基础。其中，东部、中部、西部三大地区的划分，为地区经济的发展、三大地区之间关系的正确处理以及利用各地区特点来进一步推动地区间的经济联系而提出的。具体而言，是加快东部沿海地区经济发展，把能源、原材料建设重点放在中部，把开发建设重点放在西部等战略内容。其中，东部沿海地区经济发展的主要政策是，加快现有企业技术改造步伐，重点改造上海、天津、沈阳、大连等老工业城市和老工业基地，积极利用各种外资、侨资，引进先进适用技术和必要的关键设备。运用国家给予的优惠特殊政策，有重点、有步骤地建设和开发经济特区、沿海开放城市和沿海经济开放区。

二是经济特区、沿海开放城市、沿海经济开放区等区域设置。1980年，五届全国人大常委会第十五次会议批准广东省和福建省在深圳、珠海、汕头、厦门设置经济特区；1984年，大连、秦皇岛、天津、烟台、青岛、上海、广州等十四个城市被定为沿海开放城市；1985年，中共中央、国务院决定把长江三角洲、珠江三角洲和闽南三角地区开辟为沿海经济开放区；1988年，国务院进一步扩大长江、珠江三角洲和闽南三角洲地区经济开放区的范围，并把辽宁半岛、山东半岛、环渤海地区列为沿海经济开放区。这样一来，开放地区逐步扩大，形成了由经济特区、沿海开放城市、沿海经济开放区构成的经济发展区域。

三是投资向东部沿海地区倾斜。从各地区的固定投资金额及占有率来看，东部地区在 1985 年的投资金额为 1 274.83 亿元，市场占有率为52.7%；1990 年投资金额为 2 525.68 亿元，市场占有率为 59.1%；1995年投资金额为 2 772.61 亿元，市场占有率为 65.9%，占全国一半以上的投资金额，且逐年增加。而中西部地区 1985 年的投资金额占有率为 47.3%，1990 年的投资金额占有率为 40.9%，1995 年的投资金额占有率仅为34.1%。由此可见，国家经济政策向东部倾斜的效果显著。

作为地区倾斜政策的成果，沿海地区经济实现快速增长，为中国整体经济做出了巨大贡献。相关数据显示，2002 年东部地区 11 个省、直辖市资本收入总额为 2 974.1 亿元，约占全国资本收入总额 50 607.1 亿元的 58.8%。1998 年，东部地区的居民储蓄余额在全国的比率为 59.3%，2000 年该比率为 57.8%，2002 年该比率为 59.5%。1998 年，东部地区的金融机构贷款余额占全国的 19.6%，2000 年占比为 57.8%，2002 年占比为 61.0%；同时东部地区 11 个省、市利用外资总额比重占 87.9%。由此可见，非均衡发展战略的实施扩大了地区差距。

总体上说，鼓励东部沿海地区率先发展的政策取得了很大的成功，其带动了工作岗位和城市人口的增加、农民工的流动等，促进了整个地区经济的活跃和迅速发展，同时也扩大了东中西部地区之间的差距。从 1985 年到 1995 年的十年间，东部、中部和西部三大地区的经济增长率分别为 13.3%、9.9%、10.2%，均实现了较高的增长，但是东部地区的 GDP 的构成比率上升了 6.6%，而中部和西部地区分别下降了 4.1% 和 2.5%，东部和中部、西部之间的增长率差距进一步拉大。另外，如果比较三大地区的经济指标，1985 年东部地区的固定资产投资额、工业总产值以及 GDP 总额分别是中西部地区的 1.11 倍、1.57 倍、1.18 倍，1995 年提高到 1.93 倍、1.94 倍、1.40 倍。

这样，中国的地区开发可以归结为点轴开发模式不均衡发展的结果。

第二节　问题意识

一、地区政策的转换

1996 年 3 月，第八届全国人民代表大会第四次会议上，听取和审议关于国民经济和社会发展"九五"计划和 2010 年远景目标纲要的报告。报告中指出了地区间的经济发展差距及人民的收入差距的情况，并制定了今后的地区经济发展指导方针，确定了通过区域经济协调发展逐步缩小地区发展差距和解决好社会分配不公，最终实现共同富裕的目标和决定。这一政策的转变意味着我国的区域政策以"先富共富论"为基础的非均衡发展战略转变为区域协调发展战略。实现区域经济协调发展、人民生活共同富裕的具体政策是"西部大开发""振兴东北老工业基地""促进中部地区崛起"等战略。特别是"振兴东北老工业基地"战略蕴含着通过挖掘东北地区经济发展潜力，缩小中部和东部差距的意图。振兴东北老工业基地战略既是西部大开发战略的延伸，也是对区域协调发展战略的补充。东北地区是我国重要的工业和农业基地，是由地下资源开发形成的"资源型城市①"。在我国社会主义工业化初期，东北为建立独立、完善的国民经济体系，推动我国工业化和城市化进程做出过重大贡献。然而，伴随资源逐渐枯竭，资源型产业也进入了经营低谷，就业机会的减少，导致了以青壮年为主的人口外流，农民的生活水准也有待加以改善。因此，振兴东北老工业基地战略的实施是提高居民生活水准的重要条件，也是维护国家粮食安全、打造北方生态安全屏障的必要条件。

二、迈向小康社会的课题

党的十八大提出，在中国共产党成立 100 年时全面建成小康社会，并确定了全面建成小康社会目标，即经济持续健康发展，人民民主不断扩大，文化软实力显著增强，人民生活水平全面提高，资源节约型、环境友好型社会建设取得重大进展。经过全党和全国人民持续奋斗和不懈努力，全面建成小康社会目标如期实现，实现中华民族伟大复兴迈出了关键一步。

---

① 资源型城市是指因资源开发而兴起的城市。另外，通过出口能源资源和原材料来支撑地方基础产业发展。在 2007 年 10 月召开的中国共产党大会上，首次提出了"支援资源枯竭地区，实现经济转型"的方针，并在 10 多个城市开展了相关工作。2008 年、2009 年国务院将 44 个城市指定为"资源枯竭型城市"。其中，吉林省指定辽源、白山、敦化、舒兰、九台 5 个县，数量占全国的 11%。

改革开放之初，邓小平同志首先用"小康"来诠释中国式现代化，提出"小康之家"，明确到 20 世纪末在中国建立一个小康社会的奋斗目标。从"小康之家"到"小康社会"，"小康"这一饱含中华文化深厚底蕴、富有鲜明中国特色、千百年来深深埋藏在中国人民心中的美好愿景，由此成为中国现代化进程的醒目路标。1982 年，党的十二大首次把"小康"作为经济建设总的奋斗目标，提出到 20 世纪末力争使人民的物质文化生活达到小康水平。1987 年，党的十三大制定"三步走"现代化发展战略，即从 1980 年年初开始到 1990 年的十年间，也就是第一阶段，实现国民生产总值比 1980 年翻一番，解决人民的温饱问题；在第二阶段，20 世纪末使国民生产总值再增长一倍，人民生活达到小康水平；第三阶段是到 21 世纪中叶，人均国民生产总值达到中等发达国家水平，人民生活比较富裕，基本实现现代化。

三、"三农"问题

2003 年 1 月，胡锦涛同志在中央农村工作会议强调，要把解决好农业、农村和农民问题作为全党工作的重中之重。进一步解决好"三农"问题，加快农业和农村经济的发展，是保持国民经济持续快速健康发展和确保国家长治久安的必然要求。所谓"三农"问题，就是指农业、农村、农民这三个问题。研究三农问题的目的是解决农民增收、农业发展、农村稳定上的问题。实际上，这是一个居住地域、从事行业和主体身份三位一体的问题，但三者侧重点不一，必须一体化地考虑以上三个问题。

本书以中国吉林省的农村地区[①]为研究对象。吉林省既是"三农"问题的重灾区，又是振兴东北老工业基地战略的对象。因此，包括吉林省居民收入增长在内的地区生活水准的提高，是实现中国整体社会稳定和保持

---

① 在本书中，所谓农村地区是指除城市市区外，属于第三行政级别的县级市、县。农村地区的居民大多以农业为生，但与农民不同，包括从事非农业的居民，不包括因外出打工等长期离开的人口。

高增长不可或缺的因素。本书为缩小吉林省农村地区生活水准的差距提供理论依据，以期挖掘与阐明政策对提高农村地区生活水准的主要影响因素。

第三节　研究课题

（1）分析吉林省地区之间、产业之间生活水准存在差距的现实基础，以及探究吉林省农村地区生活水准的影响因素；在测量其影响力程度的同时，分析生活水准的地区差距的形成机制。根据吉林省的地域特性（布局因素），倾斜分配资源给特定地区和特定产业。相比纯粹的市场经济法则，地方财政分配不均更强烈地影响着地区间的差距，这就导致了地区间的产业生产效率不均，最终形成地区之间的生活水准差距。

（2）明确吉林省农村地区生活水准的影响因素的时间序列推移。这也可以说是通过横向分析后，从对吉林省农村地区生活水准的影响因素的静态把握，到考虑全推移过程的动态把握的扩展分析。同时在考察生活水准的影响因素的时间推移时，应关注农业生产因素和社会经济因素的影响。

（3）根据生活水准的影响因素的时序推移结果，对生活水准的影响因素（农业生产因素和社会经济因素）进行地区类型化，明确每个地区类型的地区特性。这也就是说，通过明确各地区类型对生活水准产生影响的因素特性，查明对各类型生活水准产生影响的因素的实际情况，并使用该结果来制定有效的经济政策。

第四节　研究评述和研究方法

与本书内容相关的先行研究大致分为两部分，即对生活水准测量指标的先行研究和地区间差距形成因素的先行研究。

一、关于生活水准测量指标的先行研究的评述

1958 年，肯尼思·加尔布雷斯基于美国当时的繁荣，撰写了《富裕社会》一书，指出了现代富足社会背后隐藏的严重问题。加尔布雷斯在书中首先提出了"生活水准"。一般来说，在讨论经济社会发展问题时，人均国民生产总值（GNP）及其增长率被用作衡量经济发展程度的指标。但是，有人指出，如果将 GNP 作为生活富裕程度的指标，不一定能正确地反映人民生活水准（Morris，1979；hicks，1979；Sen，1985）。其理由有三点：第一，GNP 仅仅是衡量有货币价值的商品和服务的尺度；第二，存在分配问题，例如，Chenery（1974）表示，国民生产总值提高所带来的好处，更多地倾向于富裕阶层；第三，由于货币价值和交换途径不同，严格意义上不能根据 GNP 数据进行国家、地区之间的比较。

另外，Charles 等人（1996）认为，进步（progress）是社会对公共政策的本质评价。进步的理念决定了社会目标，并推动了未来发展的方向。从这个角度来看，GNP 的本质不仅仅是货币流通总量，还包括商品和服务的市场价值。现代社会中，大部分交易量的增加、生活水准的提高以及生活费用的增加都不能简单认定为生活质量的提高。因此，生活质量的提高和 GNP 的增长关联不大。

综上所述，先行研究很早就指出了现行国民经济计算方法的问题，并对将 GNP 看作国家或地区进步的衡量指标持怀疑态度。

基于此，分析经济进步（economic progress）、社会进步（social progress）具有重要意义。经济进步意味着收入水平的提高，反映了现行的国民经济状况，社会进步是社会经济生活的追求所在，提高其尺度以各种社会经济指标为基础，结合开发的社会经济指标进行研究。

另外，Sen 指数（Sen，1985）作为非经济数据，利用"平均寿命""幼儿死亡率""成人识字率""高等教育普及率"对各国的生活水准进行了比较。此外，Mringoff 还制订了"社会健康指数"（Index of Social Health，ISH），其目的是把握以 GDP 为代表的经济指标的短期动向，通过制订综合评价指标来评价社会成果。这个指数反映了整个社会的进步水平，包括社会生活中的负担、风险等社会指标测定和个人的生活质量，反映了在社会经济指标相结合的尺度上，由健康、就业、收入、教育、安全等 16 个指标来体现。从不同时期来看，幼儿期用婴儿死亡率、虐待幼儿率、幼儿贫困率的 3 个指标来衡量；青年期用 10 多岁青少年的自杀率、药物滥用率、高中中途退学率 3 个指标来衡量；成年期用失业率、每周的平均工资、医疗保险投保率的 3 个指标来衡量；高龄期用 65 岁以上老年人的贫困率和医疗费用负担率的 2 个指标来衡量；另外，所有年龄段的共同指标用杀人率、酒后驾驶导致的交通事故死亡率、幸福指数、富裕阶层和贫困阶层的收入差距、无负担率 5 个指标来衡量。ISH 的估算结果表明，美国社会的生活质量在 1977 年以后，与 GDP 的增加率成反比。

另外，日本经济企划厅从 1991 年开始每年发表"国民生活指标指数"（People's Life Indicators，PLI），也称"富裕指数"，用于衡量生活水准的富裕程度。具体而言，将收入、消费水平、日常行为等 152 个指标整理为"居住""消费""工作""养育""玩耍""学习""交流"等 8 个活动领域，并予以指标化。以往，生活富裕往往用 GDP、收入等货币性指标所表示，而本指标是以非货币性指标为中心，从多个角度来表示富裕水平。因此，多样化的国民生活富裕感受，应当使用非单一的经济指标来反映。

生产效率综合研究中心（2005）的报告指出，"健康指标""环境指标""劳动经济指标""教育指标""文明指标"和"宏观经济指标"6个项目被分类为56个指标，采用了OECD中30个成员国的偏差值推算（偏差值为平均50岁，标准偏差是10），在6个项目中计算并测量了平均富裕水准。在OECD的30个成员国中，日本排在第10位，偏差值为54岁；美国排在第12位，偏差值为52岁；而卢森堡排名第一，偏差值为62岁；挪威排名第二，瑞典排名第三。由此可以看出，像美国、日本那样的发达国家，虽然有经济上的优势，但实际生活的富裕程度却不及北欧的部分福利国家。

此外，关于中国生活水准测量指标的讨论，也存在一些先行研究。罗（2000）以设定符合中国国情的测量指标为目标，提出了原创测量指标。其内容主要包括：①关于收入、城市居民的生活费用、工资收入；②关于消费结构问题、恩格尔系数、消费金额、能源消费量、热量供应、电力使用量、耐用消费品；③关于住宅条件、住宅面积；④公共服务；⑤健康状况；⑥经济状况、婚姻、教育条件，共8个项目、38个指标。张（2004）在相关研究中指出，中国农村居民的生活水准测量指标包括：①客观评价指标，包括人均GDP、非农业劳动力比率、平均教育年限、医生数量、平均寿命、人口自然增长率、恩格尔系数、电脑普及率；②主观评价指标，包括政策评价、地方公务员评价、安全评价、生活满意度、生活环境满意度、婚姻满意度、娱乐活动满意度等，共16个指标。

上述先行研究的共同点是，如果不拓宽研究问题的范围，就无法体现生活富裕的经济问题，也就无法接近"生活水准"。但是作为问题点：

①如果只对各个指标进行调查和对计算结果进行考察，就看不出各个指标之间的关系。也就是说，无法测量指标的综合效果。例如，生产效率综合研究中心不顾劳动生产率和宏观经济指标之间存在相关性的可能性，人为地进行分类，无视相关关系来评价国家的富裕程度，会影响准确生活

水准的测量。

②在使用主观评价指标时，个人之间效用比较的可能性也是个问题。如上述罗（2000）、张（2004）的先行研究中，使用基于个人主观的效用评价，所得到的判断结论极为不稳定。

③指标选择的任意性和权数的不确定性也是一个问题点。另外，没有说明所提出的单一指数以何种方式进行综合化。也就是说，综合化指数的权重化方法（单纯平均、喜好度调查等）与单一指数方法有所不同。因此，有必要明示综合化指标的测量依据。

④上述先行研究是以国家为对象的研究。但是在中国，由于东部、中部、西部的差距很大，且城市和农村的差距亦很大，所以本书认为将城市和农村分成两部分，以省为单位进行测量是妥当的。也就是说，本书以吉林省为研究对象，使用农村地区差距（生活水准）测量指标，对农村地区差距的实际情况进行测量。

二、关于中国地区间差距形成因素的先行研究的评述

关于中国地区差距的研究已经积累了中兼（1996）、加藤（2003）和李（2002）的优秀研究成果。但是，由于研究人员进行评述的着眼点不同，所以有多种多样的评述方式。中兼（1996）落脚于随着中国的经济发展，地区间收入差距是有缩小还是扩大的倾向，对现有研究进行了整理，其研究主要使用来自生产方面和消费方面的基尼系数。他认为造成地区差距的原因有初期条件因素、制度因素、政策因素等。加藤（2003）对经济发展和地区间差距的关系进行了理论整理，对引起地区间差距的机制以及影响差距的因素进行了现有研究评述。李（2002）在1990年以后发表的关于地区间差距的研究其主要内容有：地区间差距的问题的重要性、研究方法及研究结果，对现有研究评论的整理等。

由于研究人员对地区差异的分析焦点不同，我们可以从多个方面对现有研究进行整理。在此对先行研究明确的诸因素进行总结：

（1）初始条件的主要因素。例如，林（1996）指出，中国的地区差距受到社会、文化、政治等多方面因素的影响，其利用人口密度及其分布、城市分布和城市化水平、工业就业人口比重进行了验证。戴（1997）认为，自然因素的制约、教育水平受限和人才不足、历史上长期形成的文化差异等因素也影响着地区间的差距。德米厄（2001）还关注到地理因素，其将每个地区的人均 GDP 增长率、生产要素储备、政策等作为构成因素，分析了地区差距的产生原因。据其研究，在经济发达的地区（如广东省、江苏省），除了外商直接投资（FDI）和集团企业运作外，运输、通信的发达对经济增长也有贡献。在经济欠发达地区（如黑龙江省），落后的交通基础设施是阻碍经济增长的主要因素。综上所述，我们可以确认，经济增长的初期条件对地区间的差距产生了深远的影响。

（2）政策性因素，包括投资政策、价格政策、产业政策等。戴（1997）指出，地区间固定资本投资不均衡是地区差距形成的重要因素之一。另外，王（2001）提出沿海地区和内陆地区产业结构问题，认为沿海地区的高增长率与内陆地区的增长停滞和固化形成巨大落差。中兼（1996）提到，在中国，地区开放度是重要的政策因素。吴（1996）主张，为了减少地区间的收入差距，在制定落后地区自主发展机制的同时，通过财政对收入进行再分配是不可避免的。

（3）产业结构是影响地区间差距的重要因素。例如，大友（1983）指出，地区间收入差距与地区产业结构差距密切相关。佐藤（1990）根据河北省、浙江省县级统计分析得出结论，造成县级农民收入差距的最重要因素是农村产业结构的变化程度。综合研究机构（1995）认为，非国有企业的发展、对外开放程度的差异是地区差距扩大的主要原因。杜（1995）还指出，产业结构和生产效率的变化是决定地区间经济差距的最重要因素。此外，陈（2002）利用区级数据对地区间收入差距和集聚经济进行分析，认为地区间收入差距的重要影响因素是第二、三产业生产率差距和工业化水平差距。渡边（1996）将非农业收入作为衡量指标，测量了产业结构差距。其结论是，从改革开放到20世纪90年代，中国国民收入和非农业收入地区间的标准化，国民收入差距随着非农业收入差距缩小而减小。另外，林（1996年）还主张，产业结构的变化、产业收入的变化、不同产业的劳动力结构将对地区间收入差距产生影响。具体而言，改革开放以后，各产业的发展速度加快，劳动力由第一产业向第二、三产业转移，符合配第·克拉克定律。李（1998）还考察了1979年到1995年的工业增长率的地区间差距，并指出非国有企业的发展差距是形成地区差距的主要原因。此外，陈（2002）利用区级数据对地区间收入差距和集聚经济进行分析，认为地区间收入差距的主要影响因素是非第一产业生产率差距和工业化水平差距。李（2002）认为，比起初期条件，政策等其他要素对经济的影响更大。总的来说，这些研究的共同点是，发现了对地区收入差距影响最大的因素是地区非农业产业的发展程度。

（4）市场经济的投入是影响经济增长和地区差距的重要因素。青木（2002）建立模型指出，50%以上的地区差距是由外国直接投资（FDI）导致的地区分布不均衡。金和陈（1996）、胡（1998）认为，市场经济化进程中，地区间差距的主要原因是非国有部门的发展和对外开放程度的差距。

三、研究方法

基于以上对先前研究的回顾，本书的研究意义及其方法可归纳为以下三点：

第一，本书将研究对象限定在吉林省，并将分析单位设置在居民日常经济活动范围上限的第三行政级别。这意味着将焦点放在更接近居民实际生活状况的行政区划上。作为中国一级行政水平的省级间的地区差距研究，由于没有考虑到省（区、市）的差距，其地区间差距的实际情况被掩盖了。从这个意义上说，对省（区、市）内更小范围内的收入差距的考察，将会得出更接近地区内居民生活实际状况的分析结果。

第二，影响农村地区间差距的因素很多。要考察农村地区间的差距，最好的方法是综合判断，以某种形式统计这些因素，并直接进行判断，是非常困难的。因为现有的统计分析几乎都是基于假设变量的选择和在假设验证的方法论（演绎法分析）上进行的，即在地区间差距的因素分析中，比起以往的"理论对现象的解释"，更注重"数据对现象的解释"，也更能准确地反映现实社会的状况。因此，收集与农村地区差距（生活水准）相关的变量数据，与经济学领域的强假设不同，本书最大限度地收集信息，并且使用主成分分析、相关分析、多元回归分析等多变量分析，来构建更全面的假设。

第三，以上先行研究大多是为了说明经济实态而进行的时间序列分析，但目前较少研究进行横向分析，且较少的研究将重点放在第三行政级别（县域）进行研究（中兼，1996，1篇）。因此，本书对包括农民收入在内的农村居民生活水准，以及农业、工业等产业进行了广泛的多层级分析。另外，本书为把握吉林省农村地区生活水准的变化，使用主成分分析和路径分析，以2004年为基准年进行静态分析，同时对1998年、2001年、2004年的指标进行比较分析，以揭示各时期农村地区差距（生活水准）的实际情况和不同类型的转换模式，得出影响农业和经济社会发展水平的因素。综上，本书主要从动态和静态两个角度分析吉林省农村地区的生活水准差距。

四、测量指标

基于先前的研究，本书对农村地区的生活水准差距的测量指标进行如下定义。

对于地区间差距的测量方法，可以根据地区划分、差异指标等组合来考虑各种变化情况。由于测量差距的方法并不局限于一种，因此有必要根据各种组合的测量结果，综合判断差距的实际情况（崔，1994）。但是，地区间的差距是由多重因素影响的，如果要讨论它究竟是由什么样的结构构成的，那么单纯的基尼系数和其他角度的解释是不够的。（中兼，1996）。

本书使用了不局限于地区收入、生产的多种变量因素及课题变量构成的综合指标。从单一的因素观察农村地区差距（生活水准）的变化，其很难测定。因此，尽可能地使用更多的变量，找出对农村地区差距（生活水准）产生决定性影响的因素。但是，如果将诸多变量都单独作为衡量农村地区差距（生活水准）的指标进行分析，其结果将是复杂且难以理解的。同时，多个变量进行回归分析的话，会因自由度过低而影响分析的精度。因此，在众多的变量中，将影响农村地区间生活水准差距的几个重要的解释变量作为确定因素，分析出这些变量背后的主成分结构也是有意义的。也就是说，本书在构建综合指标的过程中，同时也可以在一定程度上明确变量之间的结构。

第五节　研究结构

本书由以下六个章节组成。

第一章，论述本书的研究背景、问题意识和研究课题，对先行研究进行回顾。本章通过对先行研究的整理，得出了影响中国农村地区差距（生活水准）的因素，发现以时间序列研究和一个变量为中心的研究较多，而利用横向分析和不同时期的分析，从多个角度把握实际情况的研究较少，而且影响因素的验证也被认为是薄弱的。由此明确本书的研究意义，并确立研究方法。

第二章，明确了本书的分析方法、数据的缺失值处理方式，以及分析水平的设定。在构筑数据时，重视二次数据的完整性并进行数据处理。如果排除有亏损值的数据，分析结果的可靠性或具有地域特征的变量有可能会受影响。因此，在本章中，将使用相关分析、主成分分析、多元回归分析、路径分析、集群分析的方法对数据进行处理和分析，并说明使用该方法的目的。

第三章，横向分析了农村地区生活水准的影响要素结构。首先，根据主成分分析对主要成分结构的分析过程和意义进行说明。具体来说，根据假设，对组进行分类，反复进行主成分分析，从而得出主要成分。重要的是，按顺序分组后的变量与析出的主要成分中的共同性较弱的但对组有意义的变量，应尽可能不遗漏。在每一组最终析出的主要成分结构中，第一主要成分最重要，但为了掌握每组的内部结构，不漏掉对从属变量有意义的主要成分。其次，根据主要成分的得分构建新的指标。也就是说，变量之间存在的共同因素或潜在因素的变量被作为新的密集型合成变量。最后，通过上述分析数据，利用相关分析、多元回归分析等方法解析吉林省农村地区的生活水准相关的指标，再加上中介变量进行分析，得出农业生产力、工业生产力等受产业结构、地方财政等因素的影响，从而影响农村地区生活水准。

第四章，除了横向分析影响农村地区生活水准的因素之外，本章从不同时期的分析切入，将时间轴引入其中，从更立体的角度把握农村地区生活水准的影响因素。利用1998年、2001年、2004年数据析出主要成分的得分，再通过社会经济相关指标和农业相关指标分析农村地区生活水准的影响因素。此外，按时期对其决定因素进行比较，来考察其因素的变化情况。

第五章，按时期进行地域类型化，明确各地域的类型化推移模式。分析吉林省农村地区生活水准的影响因素后，从经济开发的角度对各农村地区提出建议。

第六章，对本书的结论和课题后续的研究方向进行论述。

第二章　数据的结构和分析方法

在本章中，首先对分析框架和分析方法进行说明。其次，对本章重要的概念进行阐述。最后，为研究的区域数据做准备，对2004年的二次数据进行残缺值处理。

根据对先前研究的整理，发现大多数研究都是基于一个变量进行时间序列分析的。许多研究人员从初期条件、产业结构、政策因素等角度对国内地区间差距（变动系数、基尼系数）进行分析；但较少有学者关注并研究了多变量情况下横向分析和不同时期的分析。而且，对农村地区生活水准差距的产生因素及其缩小、扩大机制的讨论几乎没有，即使有少量研究，也只是进行了简单讨论。因此，本书在避免以上问题的基础上，将分析框架和分析方法设定如下。

第一节　分析框架

本书的研究课题有三个。具体而言，根据2004年吉林省统计年鉴数据，通过相关分析、主成分分析、多元回归分析、路径分析、集群分析等多变量分析方法，实证检验农村地区生活水准的影响因素。

（1）课题1：厘清吉林省地区之间、产业之间的生活水准存在差距的现实情况，分析影响生活水准的具体因素，在测量影响程度的同时，找到生活水准的地区间差距形成的原因。

根据课题1形成的假设框架总结如下：

如图2-1所示，分析框架主要由解释变量、中介变量和被解释变量三大板块构成。"社会资本投入""农业劳动力投入""非农业劳动力投入""农业资本投入-土地""农业资本投入-机械、化肥""耕地变化率""工业企业经营效率""工业资本投入"8个指标作为解释变量。"地方财政""工业生产力"和"农业生产力"3个指标作为中介变量。被解释变量为"农村地区生活水准"。也就是说，假设解释变量影响中介变量和被解释变量。同时，假设中介变量虽然由"产业生产力"变量构成，但会对"农村地区生活水准"这一被解释变量产生影响。因此，中介变量连接着解释变量和被解释变量。

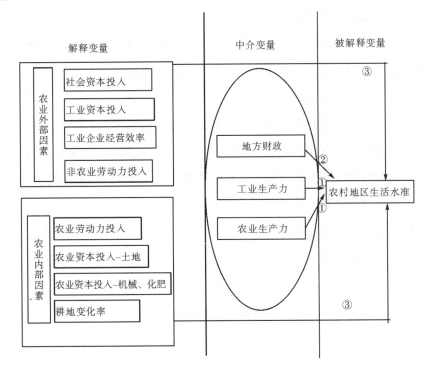

图2-1 农村地区生活水准因素分析框架

注：序号表示研究假设；→表示因果关系的指向。

具体的研究假设如下。

研究假设①：产业生产力的差距会影响农村地区的生活水准。本书以"农业生产力""工业生产力"作为构成农村地区产业结构的因素，来衡量其对农村地区生活水准的影响。因此，要想缩小农村地区生活水准的差距，缩小产业间差距及同一产业内的差距是必要条件。另外，对该地区产业生产力的因素分析也很重要。

研究假设②：地方财政影响农村地区生活水准。作为引起中国地区差距的主要原因，从财政方面论述的相关研究非常少（李，2000）。但是，1994年分税制改革以来，中央、地方政府之间的财政关系发生了巨大的变化，同时伴随着改革推进，财政收支的地区间差距对农村地区生活水准产生巨大影响，成为地区间差距的重要影响因素。因此，我们应该重视地方财政对农村地区生活水准的影响。

研究假设③：农村地区农业发展影响因素由农业内部因素和农业外部因素两部分构成。农业内部因素和农业外部因素直接影响产业生产力和地方财政。另外，农业内外部因素在直接影响农村地区生活水准的同时，也通过产业生产力的变化和地方财政的变化间接影响农村地区生活水准。

（2）课题2：利用横向分析明确了影响农村地区生活水准的因素后，再通过时间序列推移对其分析，从对影响农村地区生活水准的因素的静态把握，到考虑全推移过程的动态把握的扩展分析。

（3）课题3：根据影响农村地区生活水准的因素系列趋势的结果，将生活水准的影响因素（农业生产要素和社会经济要素）基于地区化进行分类，每个类型的地区特性表明不同时期不同类型的发展模式。

基于以上问题，将各时期分析框架如图2-2所示。

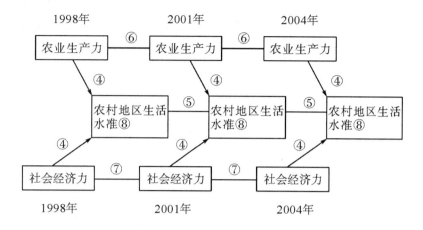

图 2-2　各时期的分析框架

注：序号表示研究假设；→表示因果关系的指向。

根据课题 2 和课题 3 的阐述，建立以下研究假设。

研究假设④：从农业相关指标中析出的农业生产力在三个时期（1998年、2001 年、2004 年）影响着农村地区生活水准的差距。同时，从社会经济相关指标中析出的社会经济力也在三个时期影响着农村地区生活水准的差距。但是，农业和非农业领域的差距必然会对农村地区生活水准产生不同的影响，这被认为是横向分析中的扩展分析（图 2-2 的④）。

研究假设⑤：可以预测受农业生产力及社会经济力影响的农村地区生活水准的实际状况的变化。同时，对三个时期的全省变动进行比较分析（图 2-2 的⑤）。

研究假设⑥：农业生产力本身也有三个时期的变动。测量三个时期农业生产力的变动如何的同时，比较其全省变动情况（图 2-2 的⑥）。

研究假设⑦：社会经济力本身也有三个时期的变动。测量三个时期社会经济力的变动如何的同时，比较其全省变动情况（图 2-2 的⑦）。

研究假设⑧：农村地区生活水准在三个时期内，受农业生产力及社会经济力的影响变化，分为具有地区特性的几种类型地区。同时，可以用几种推移模式来总结地域特征变化情况。这些模式揭示了农村地区生活水准的地区特征，为政策制定提供参考以实现社会平衡发展（图2-2的⑧）。

第二节　分析方法

本书采用主成分分析方法、相关分析法、多元回归分析法、路径分析法、聚类分析法。

（1）当预测多个变量之间存在某种相互关系时，主成分分析方法通过在每个变量之间共同包含的若干潜在主成分来解释它们之间的相互关系（吴，2004）。主成分载荷值指与各变量的共同主成分的相关性。主成分载荷值以 0 为基准，处在-1 和 1 之间。如果接近 1，则说明正方向变强。

在本书中，为了更准确地把握主成分的内部结构，使用巴里克斯旋转法将主成分进行轴旋转。在对主要成分进行说明时，将载荷值 0.5 以上的变量作为重要变量，这意味着变量的方差的50%以上由该主要成分解释。

（2）使用相关分析观察指标间的相关关系。相关关系分为正相关和负相关。变量 X 增加时变量 Y 也随之增加，关系是正相关；相反，随着变量 X 增加，变量 Y 减少的关系是负相关。相关系数是-1 和 1 之间的值，如果接近 1，则意味着两个变量间的正相关性很强；相反，如果接近-1，则意味着两个变量间的负相关关系较强。相关系数的意义水平通常使用 5% 和 1% 表示。

（3）为了分析指标之间的关系，在进行相关分析的同时进行路径分析。这是因为路径分析在方法论上具有重要的特征。其一，在实际数据的基础上可以检验被假定因果模型的准确和可靠程度，测量变量间因果关系的强弱。其二，若一个变量影响另一个变量，那么两者间是直接影响，还是通过中介变量间接影响或两种情况都有。其三，可将无法直接测定的假设、理论构成理念，作为变量引入模型（村濑，2006）。因此，与许多其他分析方法相比，路径分析被认为是更有效的理论构建方法。

（4）为了阐明地区特性，本书使用了集群分析法。集群分析法是将相似性大的个体归为一集群的方法。在个体数量不明的情况下或者特定情况下不能使用该方法。

第三节　分析步骤

（1）如果存在原始变量的亏损值，则需处理亏损值，并且，根据理论上可合成的百分比、单纯平均等方法制作合成变量。同时，为了在测量地区生活水准时消除规模的影响，将所有变量合成为"质"变量。这是由比较地区间的生活水准差距而得出的结果。在此基础上将所有变量分类为理念。这个阶段是构建分析中的基本变量的重要阶段，例如亏损值的处理、组合变量的创建、变量的分类等如图 2-3 所示。此外，更重要的是通过各变量的分类来把握该变量的特征，理解其具体含义。

（2）根据分类后的变量，对每个类别重复进行主成分分析，析出每个类别背后存在的典型的主成分结构，即反复进行主成分分析，直到所有构成变量的共性达到 0.5 以上为止。理念上是提取共性以 0.7 以上为基准，但在本书中是提取 0.5 以上为基准。其理由是，为了更准确地分析组内结构，有必要尽可能不漏掉有意义的变量。为理解析出的典型的主成分结构的各主要成分的含义，有必要筛除对该主成分来说重要的变量，而其筛除标准为载荷值在 0.5 以上。这意味着变量的所有方差的 25% 以上是由相应的主成分所描述的，与该主成分相关的变量是该主成分所描述的重要解释变量。

（3）将最终析出的主成分结构按主成分命名，根据各主成分得分进行相关分析的指标构建。在构建各主成分的指标时，将各主成分相关关系的载荷值在 0.7 以上的变量作为主成分的概念构成要素，同时在赋予主成分的意义时，将 0.5 以上的载荷值作为参考。

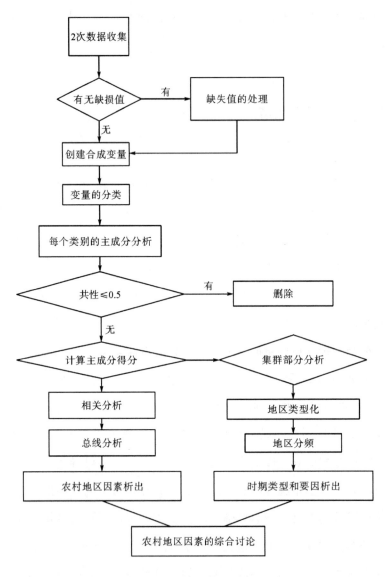

图 2-3　分析步骤的流程图

（4）根据所构建的指标，通过相关分析进行假设检验。通过分析得出的指标之间的相关关系，探讨对农村地区生活水准产生影响的因素。

（5）根据所构建的指标进行假设检验，本书使用了多元回归分析方法中的路径分析。通过路径分析得出的直接因素，按时期推算各地区类型的地区特性。再使用集群分析，根据农业生产力和社会经济力的指标进行地域类型化。

第四节　分析中使用的数据结构和分析层次的设定

本研究目的是通过二次统计数据的多变量分析，揭示影响中国吉林省农村地区生活水准的决定性因素。由于研究对象是吉林省41个行政区，因此要求变量具有全面性。在基于所观测到的变量的相关关系构建符合现实社会的假设时，有必要维持尽可能多的有效变量。这意味着每个变量的观测数据须尽可能完整，因为在无视亏损数据的情况下，或认为将亏损数据从计算中排除就足够的情况下，会有造成不适当结果的风险。

一、数据结构

本书的数据收集于《中国农村统计年鉴（1999年、2002年、2005年版）》和《吉林统计年鉴（1999年、2002年、2005年版）》，详见表2-1。第三章中的横向分析主要以《2005吉林统计年鉴》为中心进行数据分析，其中使用的数据是第三行政级别的数据，样本数量为41，分析方法为主成分分析、多元回归分析和路径分析。为了确保分析的完整性，本书进行了亏损值处理。第四章、第五章主要利用《中国农村统计年鉴（1999年、2002年、2005年版）》的数据，对不同时期数据进行了分析。分析方法的重点放在了路径分析和集群分析上。

表 2-1　用于分析的数据

	数据 1	数据 2
数据的划分	横向分析	不同时期分析
年份	2004 年	1998 年、2001 年、2004 年
行政级别	县域（第三行政级别）	县域（第三级行政级别）
样本数量	41	41
合成变量	142	26
缺失值处理	278	0
使用的章节	第三章	第四章、第五章
主要分析方法	主成分分析 多元回归分析 路径分析	主成分分析 多元回归分析 路径分析 集群分析

资料来源：作者根据《中国农村统计年鉴（1999 年、2002 年、2005 年版）》和《吉林统计年鉴（1999 年、2002 年、2005 年版）》资料整理。

二、分析层次的设定

吉林省的地方行政主要由 9 个二级行政级别构成，即 8 个地级市和 1 个延边朝鲜族自治州。下面还有 79 个三级行政级别的县域。本书以市所属区以外的县和县级市为对象，指出中国地区差距研究中的地区概念存在以下四种类型。

第一种类型是地带。一般以沿海和内陆，或东部、中部、西部三大区域进行划分。这是以省、直辖市、自治区为中心，将中国全境划分为两个或三个区域。

第二种类型是地理地域。例如，平原地区、丘陵地区、沙漠地区、耕作地区、畜牧地区、人口密集地区和其他地区等，可以进行各种自然地理或人文地理上的区分。但是，这种区分在中国地区差距问题中几乎没有被提及。

第三种类型是行政区划。被提及最多的是行政地区。行政权限赋予地区，根据规模和权力的大小阶层化，依次为省、直辖市、自治区；地级市；县、县级市；乡、镇，但绝大多数研究停留在"省、直辖市、自治区"的层面上谈论中国的地区差距。

第四种类型是功能划分。这里根据地区具有的各种功能进行划分，如城市与农村、大城市与中小城市、重点地区与一般地区等地区。特别是城乡之间的差距，在中国一直是地区差距问题的关注焦点。

因此，本书所使用的分析对象的地域水平，以上述地域的概念来说，属于行政区划，且相当于三级行政水平的县域。具体而言，如图2-4所示，三级行政级别的县、县级市是焦点，其理由如下：

①县政府是城市行政的末端和农村行政的中心（丸川，2000），可以因地制宜地实施政策。

②作为三级行政水平的县、县级市的行政，是与地区居民的生活实际状况更接近的行政上的区分。与立地条件、文化、风土、经济状况等内部的一致性很强，与县内的农业和工业产业特性的差距很低。

③地区居民的日常经济活动的上限和地区范围接近相同水平，这也意味着将焦点放在更接近地区居民生活实际状况的行政区分上。

④市辖区虽然属于第三行政级别，但是城市的性质非常强。人口中非农业人口的占比非常高，例如，吉林省主要城市长春市、吉林市、四平市、辽源市的非农业人口比重分别为75%、69%、100%、87%，并且其城市化进程不断加快。另外，农村地区的农地、农业劳动力、农业资本的统计中显示出明显的亏损值。因此，市辖区虽然有一定的农业人口，但城市的性质过强。因此，将这些城市地区排除在本书研究对象之外，而将相对传统的农村地区作为研究对象。

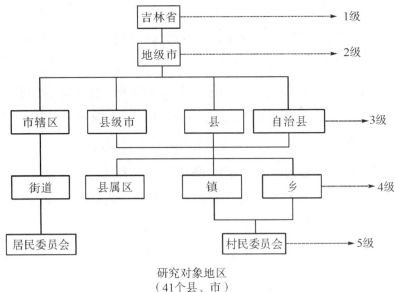

研究对象地区
（41个县、市）

图2-4　吉林省行政单位和分析等级设置

资料来源：作者根据《中华人民共和国行政区区划（2001年）》《2005吉林统

计年鉴》整理制作

第五节　亏损值的处理

一、亏损值的分布

根据统计年鉴上公布的144个原始变量中整理，发现有278个残缺值。这278个损失值占整个变量（144×41 = 5 904）的4.7%。通过确认亏损值的内容和分布情况，可以掌握亏损值的特征。

如表2-2所示，按变量看亏损值的分布，亏损多的是各企业形态的变量。外资企业员工（人）、国内资本（人）、外资企业资产（元）、其他企业资产（元）、公营企业生产额（元）、外资企业生产额（元）、公营企业销售收入（元）共13个变量中存在亏损值67个，占总亏损值的24.1%。其次是东北地区的特产"向日葵播种面积、麻类播种面积、甜菜类播种面积、烟草类播种面积、麻类产量、甜菜类产量、人参产量、人参播种面积"。这些中国东北地区特别农产品的残缺值为136个，占全部残缺值的48.9%。如果简单地排除这个残缺值，就会失去东北地区农产品的特征，因此对此进行了残缺值的处理。另外，反映地区社会基本经济状况的变量亏损值较多，具体有邮政营业总额（元）、工业电力消耗（千瓦）、住宅电话持有数（台）、农村电话持有数（台）、有线电视持有村数（个）、农村居民生活保障人数（人）、互联网普及率、手机持有数量（个）、牛奶类产量（t）等10个变数。该损失值有17个，但平均1个变量是0.58个损失值，非常少。剩下的是各地区的亏损，即稻作面积、退耕还林①面积等变量。

表2-2　亏损值标本数

亏损值（有）	标本数	分布地区（县、市）	
向日葵的种植产量（t）	2	伊通县	东辽县
向日葵种植面积（kha）	2	伊通县	
稻作面积（kha）	1	通榆县	长白县
工业电气消耗量（万 KW）	1	农安县	
牛乳类产量（t）	2	集安市	
邮政营业总额（万元） 住宅电话持有数（台） 农村电话持有数 携带电话持有数（本）	1 1 1 1	前郭县	
有线电视持有村数（个） 向日葵种植占地面积（kha）	1 2	伊通县 伊通县	东辽县

_____

① 与西部开发同时实施的项目，指生态环境明显恶化的地区"退耕还林"，以改善生态环境为目标。"退耕还林"是指将斜面25度以上的坡地等恢复为森林，提高森林覆盖率。而且，减少的耕地面积造成的损失可以得到国家的补偿金。

表 2-3　亏损值处理后的地区分布

地域		缺失值（有）	总计	地域		缺失值	总计
长春市	九台区	9	25	白山市	临江市	7	31
	榆树市	6			扶松县	4	
	德惠市	3			靖宇县	8	
	农安县	7			长白县	7	
					江源区	5	
吉林市	桦甸市	5	23	松原市	长岭县	10	39
	蛟河市	2			前郭县	12	
	磐石市	2			乾安县	11	
	舒兰市	6			扶余市	6	
	永吉县	8					
四平市	公主岭市	5	43	白城市	兆南市	11	36
	梨树县	11			大安市	5	
	伊通县	15			镇赉县	10	
	双辽市	12			通榆县	10	
辽源市	东丰县	7	17	延边朝鲜族自治州	延吉市	6	40
	东辽县	10			图们市	5	
通化市	梅河口市	7	31		敦化市	3	
	集安市	6			龙井市	3	
	通化县	4			珲春市	5	
	辉南县	6			和龙市	4	
	柳河县	8			汪清县	1	
					安图县	5	

注：长春市、吉林市、四平市、辽源市、通化市、白山市、松原市、白城市、延边朝鲜族自治州是吉林省的二级行政区。

　　如表 2-3 所示，从数据分布地区来看，亏损值最多的是二级行政级别的四平市，亏损总数为 43 个，平均为 10.7 个；相反，二级行政级别亏损最少的是辽源市各地区，平均为 9.5 个；各地区的平均最少亏损值的地区是延边朝鲜族自治州；县水平来看，亏损值最少的是汪清县，亏损值为 1；与此相比，伊通县有 15 个亏损值，前郭县有 12 个亏损值。亏损值最多的地区属于栽培业发展地区，平原地区农业人口较多。

二、亏损值的处理

在本书中使用的二次数据中存在亏损值。亏损形态分为三种："1"是指小于所显示的单位数且不能显示的数据；"2"表示相应的统计数据为0；"3"表示相关数据"不明"。因此，在本书中使用的变量中也存在类似的数据形式。

关于原始变量数据集的缺失值，本书使用了用某种值代替缺失值的补充方法进行处理，即采用了用0、平均值和估计值来代替亏损值的方法。因此，在本书中，对于亏损形式"1"和"2"的大部分变量，在输入数据时以0进行替换处理。但在"3"中，数据残缺被视为残缺值。

（1）用0值代入

该方法被认为有亏损值的变量本身在该地区没有测量的可能性，或者即使有测量的可能性，其数量也太小，所以在统计上认定的情况下使用。如表2-3所示，代入零的变量共有23个，亏损值有226个。具体而言，"退耕还林面积""机电眼（个）"等各地区的自然土地地形条件不同，不满足"退耕还林"条件的地区"耕地不必返回森林"的值为0。另外，"机电眼"降雨量多的地区不需要储存水的水井。因此，把0代入这个区域。其次，从企业经营形态来看，"外资企业""国有企业"相关变量的亏损值较多。具体来说，"其他投资（元）""内资本""外资企业员工""外资企业资产""其他企业资产""公营企业生产额""外资企业生产额""公营企业销售收入""外资企业收入""其他企业销售收入""公营企业利润""利润股份企业""外资企业利润""其他企业利润"等14个变量，亏损值有87个。"0替代"意味着该地区没有"外资企业""国有企业"进行投资。最后，每个地区都有不同的农作物，因此每个地区都有亏损。具体而言，"麻类产量""甜菜类产量""麻类播种面积""甜菜播种面积""烟草播种面积"等6个变量共134个亏损值。但是，如果简单地排除表示这些地区特征的变量，就会对各地区的分析产生影响，但统计上有意义。为了抑制这种现象，在制造组合变量时，加上麻类、甜菜、香烟、人参等变量，制造出了新的变量——东北特产经济作物。

（2）用平均值代入

该方法可用于确定存在亏损值的地区，其变量应确实存在，且样本大小足够大，且即使代入平均值也不会影响整体的情况。这里代入平均值的变量为 11 个，存在 15 个亏损值，即各变量的损失以 2 个以内为基准，2 个以上的变量使用估计值代入法。

（3）估计值的代入

这里的亏损值的亏损形态为"数据不明"，处理方法是回归法。具体而言，首先，从相关矩阵中找出与对象变量相关性高的变量。这里的基准是 $R>0.7$ 以上。其次，求两个变量的回归式。基于回归公式确定亏损变量的值，使观测值的数据适用于最佳直线。使用回归分析法时可以分析独立变量对从属变量的影响，还可以根据数据分配对从属变量的影响比率，预测其他从属变量的数据。这里用这个方法处理了两个变量，得到了完整的数据。具体而言，"人参产量""人参种植面积""网络普及率"等 3 个变量中有 9 个是亏损的。

（4）无法推测的数据

也存在不能用以上方法处理的数据。即使从相关矩阵看对象变量，两个变量所对应的地区都是亏损的，因此这里是不能估计亏损值的。另外，在变量的相关系数为 0.7 以下的情况下，也认为是推定不恰当。因此，这里将"外资企业员工人数"作为无法推测的数据。

第六节　变量的说明

按照以上的方法，调换了亏损值，处理原始变量的亏损值以得到完整的数据。在147个原始变量的基础上，以理论上、统计上的整合性形式，新建立了142个组合变量。142个新制造的变量是最终用于分析的组合变量。基于图2-1所示的"分析框架"，将142个组合变量从理念上划分为12个类。各个构建变量及其描述统计量如表2-4所示。并且，作为此后的统计分析的基础，将各个分类作为解释变量、中介变量、被解释变量。同时，在构建组合变量的情况下，分别将该县的人口、各产业的劳动力、土地面积、企业数量等按规模的变量转换为质的变量。由此，从质的程度上可以看出县的规模所产生的差距。构建过程如表2-5中所示。

表2-4　处理后的变量的基本统计量

变数名	平均	标准偏差	最小	最大	标本数	有效率	缺失值的处理
外资企业员工（人）	723	2 238	0	13 579	24	58%	用0值代入亏损值
外资企业资产（万元）	89 130	116 795	520	474 677	40	98%	
其他企业资产（万元）	25 361	48 308	159	249 840	29	71%	
其他投资（万元）	4 654	7 702	0	28 310	21	53%	
公营企业产值（万元）	9 671	14 089	305	65 815	34	83%	
外资企业产业产值（万元）	55 242	63 430	1 705	322 277	40	98%	
公营企业销售收入（万元）	8 447	12 323	273	53 833	34	83%	
外资企业收入（万元）	47 589	58 532	510	309 926	40	98%	用0值代入亏损值
其他企业销售收入（万元）	13 873	11 427	214	49 495	36	88%	
公营企业利润（万元）	450	1 070	−576	5 286	33	80%	
股份企业利润（万元）	13 439	52 787	−3 154	331 274	40	98%	
外资企业利润（万元）	9 874	36 582	−655	229 627	40	98%	
其他企业利润（万元）	957	1 482	−1 256	7 326	36	88%	

表2-4(续)

变数名	平均	标准偏差	最小	最大	标本数	有效率	缺失值的处理
麻类（t）	252	413	1	1 225	12	29%	用0值代入亏损值
甜菜类（t）	3 170	4 917	27	15 146	11	27%	
章鱼类（t）	1 627	3 467	2	19 040	33	80%	
麻类（千公顷）	76	123	2	390	12	29%	用0值代入亏损值
甜菜类（Kha）	119	161	1	494	11	27%	
章鱼类（Kha）	608	933	3	4 320	33	80%	
有线电视保有村数（个）	116	80	12	308	40	98%	将平均值代入亏损值
牛奶类产量（t）	6 014	11 447	80	62 518	39	95%	
邮政营业总额（万元）	1 837	1 339	547	7 216	40	98%	
携带电话持有数量（本）	89 174	52 267	24 963	273 700	40	98%	
住宅电话持有数量（台）	72 824	42 430	18 000	240 700	40	98%	将平均值代入亏损值
农村电话持有数量（台）	40 157	23 546	5 400	104 161	40	98%	
手机持有数量（本）	70 805	48 788	15 600	244 600	40	98%	
工业电力消耗量（万千瓦）	13 308	24 743	932	141 193	40	98%	
农村居民生活保障人数（人）	7 674	14 238	525	78 000	36	88%	
退耕还林面积（千公顷）	745	867	18	4 067	37	90%	
机电眼（个）	2 046	5 056	2	32 003	40	98%	
国内资本（万元）	3 617	4 036	14	23 265	40	98%	估计值代入亏损值
向日葵种子（t）	2 368	5 702	5	27 900	39	95%	
水稻种植面积（千公顷）	10 320	12 424	18	57 198	40	98%	
向日葵种植面积(千公顷)	1 730	4 653	2	27 331	39	95%	
互联网持有数量（户）	4 791	6 094	870	36 700	37	90%	
人参产量（t）	1 564	2 325	21	9 319	38	93%	
人参种植面积（千公顷）	17	3	14	19	38	93%	驳回（$R<0.7$）
外资企业员工人数（人）	221	541	0	2 503	18	43%	

表 2-5　变量构建

凹槽名称	1D	合成变量	定义
农村地区生活水准	var001	职工平均工资	工作人员总数/工资总额
	var002	人均银行余额	居民银行结余总额/总人口
	var003	每万户网络加入率	互联网入网数/总人口
	var004	住宅电话持有率	住宅电话数/总户数
	var005	手机持有率	手机数/总人口
	var006	人均邮政营业总额	邮政营业总额/总人口
	var007	人均通信营业总额	通信营业总额/总人口
	var008	每1 000人医疗技术人数	（医疗技术人数/总人口）×1 000
	var009	每1 000人中医院病床数	（医院床位数/总人口）×1 000
	var010	汽车拥有率	汽车数/总人口
	var011	每1 000人城市居民生活保障领取人数	（城镇居民生活保障人数/总人口）×1 000
	var012	人均国内生产总值	国内生产总值/总人口
	var013	农民平均收入	农民总收入/农民总数
	var014	农村居民平均住宅面积	农村居民总住宅面积/农村居民人口
	var015	每1 000人农村居民生活保障领取人数	农村居民生活保障人数/总人口
农业生产力	var016	有线电视普及率	有线电视保有村/村数
	var017	农业人口人均生产总值	农业总产值/农业劳动人口
	var018	农业人口人均农作物总产量	农作物总产量/农业劳动者
	var019	农业人口人均玉米总产量	玉米总产量/农业工人
	var020	人均肉类供给量	肉供给量/总人口
	var021	人均肉猪供给量	牛肉供给量/总人口
	var022	农作物单位种植面积总产量	农作物产量/农作物种植面积
	var023	大豆单位种植面积总产量	大豆总产量/大豆种植面积
	var024	第一产业劳动生产率	第一产业生产值/第一产业劳动人口
	var025	农村家庭劳动生产率	第一产业生产值/农村户数
	var026	水稻单位种植面积总产量	水稻产量/农作物种植面积
	var027	农业人口人均经济作物总产量	（油类+葵花籽+麻类+甜菜+烟草+人参）总产量/种植面积
	var028	人均肉羊供给量	羊肉供给量/总人口
	var029	人均牛奶供给量	牛奶供给量/总人口
	var030	玉米单位种植面积总产量	玉米产量/玉米种植面积
	var031	水果单位种植面积总产量	水果类作物总产量/水果种植面积
	var032	油料作物单位种植面积总产量	油类总产量/油类种植面积
	var033	蔬菜作物单位种植面积总产量	蔬菜作物总产量/蔬菜种植面积
	var034	农业人口人均水稻总产量	水稻总生产量/农业劳动者
	var035	人均水产品供应量	水产品供给量/总人口
	var036	农业人口人均蔬菜总产量	蔬菜产量/种植量
	var130	农业人口人均大豆总产量	大豆产量/农业分工

表2-5(续)

凹槽名称	1D	合成变量	定义
工业生产力	var037	人均工业生产总值	工业生产总值/总人口
	var038	工业企业人均产值	工业生产额/工业企业数
	var039	国营企业人均产值	国营企业工业总产值/国营企业工业企业数
	var040	外资企业人均产值	企业总产值/企业数
	var041	人均建筑业生产总值	建筑业总产值/总人口
	var042	国营企业员工生产力	国营企业生产总额/国营企业职工
	var043	外资企业员工生产力	外资企业总产值/外资企业数
	var044	公营企业人均产值	公立企业工业生产额/公立企业工业企业数
	var045	公营企业员工生产力	公营企业生产额/公营企业职工
	var046	其他企业员工生产力	其他企业生产额/其他企业合计员工
地方财政	var047	个人所得税收入占地方财政收入的比例营业额	个人所得税/地方财政收入
	var048	收入占地方财政收入的比例	营业税/财政收入
	var049	地方财政收支状况	地方财政收入/地方财政支出
	var050	企业所得税占地方财政收入的比例	企业税/财政收入
	var051	企业所得税	企业所得税/企业数量
	var052	人均所得税	所得税/人口
	var131	基本建设支出在财政支出中的所占比例	基本建设支出/财政支出
	var132	地方财政收入中增值税的所占比例	增值税收入/地方财政收入
农业劳动力	var053	农业人口比率	农业人口/总人口
	var054	第一产业从业人员比率	第一产业职工/职工
	var055	农业从业人口占农村劳动力的比率	农业人口/农村人口
	var056	农业从业人员占农村从业者的比率	农业职工/农村职工
	var133	农业从业人员占耕地面积的比率	农业人口/耕地面积
	var134	农业技术人员占农业从业人口的比率	农业技术人员/农业从业人口

表2-5(续)

凹槽名称	1D	合成变量	定义
农业资本投入－土地	var057	耕地面积占土地面积的比率	耕地面积/土地面积
	var058	玉米种植面积占农业种植面积的比例	玉米种植面积/农业种植面积
	var059	斜面25度以上的山坡田	斜面25度坡田面积/种植面积
	var060	大豆种植面积占农作物种植面积的比例	大豆种植面积/农作物种植面积
	var061	水田面积占常用耕地面积的比例	水田的面积/常用耕地面积
	var062	水稻种植面积在农作物种植面积中所占的比例	水稻种植面积/农作物种植面积
	var063	水稻面积占常用耕地面积的比例	水田面积/常用耕地面积
	var064	有效灌溉面积占常用耕地面积的比例	有效灌溉面积/耕地面积
	var065	经济作物在农作物种植面积中所占的种植面积	(油类+向日葵+麻类+甜菜+烟叶+人参)种植面积/农作物种植面积
	var066	常用耕地面积占耕地面积的比例	常用耕地面积/耕地面积
	var067	耕地面积农作物种植面积	农作物种植面积/耕地面积
	var068	农民人均耕地面积	耕地面积/农业劳动者
	var069	蔬菜种植面积占农作物种植面积的比例	蔬菜作物种植面积/种植面积
	var070	水果作物种植面积所占的比例	水果类作物种植面积/种植面积
农业资本投入－机械、化肥	var071	每耕地面积机械总动力	耕地面积/农业机械总动力
	var072	机械播种面积在耕地面积中所占比例	机械播种面积/耕地面积
	var073	农民人均机械播种面积在农业从业者中所占比例	(机械播种面积/农业从业者)×1 000
	var074	农民人均化学肥料使用量在农业从业者总所占比例	化学肥料使用量/农业从业者
	var075	农村人均电气消费量在农村人口中所占比例	农村电力消费量/农村人口
	var076	机械总动力占农作物总产量的比例	机械总动力/农作物总产量
	var077	小型农业卡车机械占农作物产量的比例	小型总动力卡车农业机械/农作物总产量
	var078	大型农业卡车使用量占耕地面积的比例	大型总动力农业卡车机械/农作物生产量
	var079	化学肥料使用量占耕地面积的比例	化学肥料使用量/耕地面积
	var080	农民1 000人均大型农业卡车粮食加工机械的比例	大型总动力农业卡车机械/农业从业人员×1 000
	var081	粮食加工机械占农作物生产量的比例	耕地面积/粮食加工机械
	var082	耕地面积占农产品粮食加工机械的比例	粮食加工机械/农作物生产量
	var083	农民1 000人农业粮食加工机械	(粮食加工机械/农业从业人员)×1 000
	var084	小型农业卡车耕地面积	耕地面积/小型总动力
	var085	农业灌溉动力占农作物生产量的比例	农业灌溉动力/农作物生产量
	var086	农民人均1 000人的农业用水动力	(农业灌溉动力/农业从业人员)×1 000

表2-5(续)

凹槽名称	1D	合成变量	定义
农业资本投入-机械、化肥	var087	农民人均水井数	水井数/农业从业者
	var088	农业用灌溉动力耕地面积	耕地面积/农业用灌溉机械
	var089	农民人均机械耕作面积	(耕地面积/农业从业者)×1 000
	var090	机械耕作面积占耕地面积的比重	1 000×机械耕作面积/耕地面积
	var091	农作物产量化学肥料使用量的比重	化学肥料使用量/农作物生产量
	var092	农民1 000人均小型农业机械	(小型总动力卡车农业机械/农业从业者)×1 000
	var135	年内增加耕地占大型农业机械上每公顷占耕地面积	耕地面积/大型动力年内
耕地变化率	var093	耕地面积占年内增加耕地比例	年内增加耕地/耕地面积
	var094	耕地年间变化率	年末耕地面积/年初耕地面积
	var095	退耕还林收回耕地所占的比率	从耕地变为森林的耕地/减少耕地面积
	var096	国家建设用土地面积的比率	从耕地变为园地的耕地/减少耕地面积
	var136	增加耕地面积占新的耕地面积的比例	新的开垦地/年内增加的耕地面积
	var137	耕地面积中由占有的园地变为耕地的增加耕地活动比例	从园地变为耕地的耕地/增加耕地面积
	var138	减少的耕地面积占耕地面积的比率	减少面积/耕地面积
	var0139	斜面25度坡田退耕还林面积比例	斜面25度坡田或"退耕还林"的面积/耕地面积
非农业劳动力投入	var097	非农业从业人员比率	城市员工/全体员工
	var098	公营企业从业人员比率	公营企业员工/全体员工
	var099	其他企业从业人员比率	其他企业员工/全体员工
	var100	私营企业和国营企业从业人员的相对比率	私营企业员工/国营企业员工
	var101	外资企业从业人员比率	外资员工人数/全体员工
	var102	自营企业从业人员比率	自营企业员工/全体员工
	var103	私营企业和自营企业从业人员的相对比率	私营企业员工/自营企业员工
	var104	每家企业的员工人数	全体员工/全体企业数
	var140	国营企业从业人员比率	国营企业员工/全体员工
	var141	每名工作人员的专业技术员	(专业技术员数-农业技术员数)/城市员工
工业资本投入	var105	员工人均国营企业资产额	国营企业资产/国营企业员工
	var106	员工人均公营企业资产额	公营企业资产/公营企业职工
	var107	国营企业人均工业资产额	国营企业工业资产/国营企业数
	var108	公营企业人均工业资产额	公营企业工业资产/公营企业数
	var109	员工人均其他企业资产额	其他企业资产/其他企业员工数
	var110	工业资产额	股份企业工业资产/股份企业数
	var111	外资企业人均工业资产额	外资企业工业资产/外资企业数
	var112	工业电气使用度	工业电气使用量/工业生产总值

表2-5(续)

凹槽名称	1D	合成变量	定义
工业企业经营效率	var113	销售利润率	利润/销售
	var114	成本利润率	利润/成本
	var115	销售纳税率	纳税额/销售额
	var116	资产保有率	负债/资产合计
	var117	总资产贡献率	(利润+税金+利息)/平均资产额
	var118	流通资产率	销售收入
	var119	每股份企业销售利润率	股份企业利润/股份企业数
	var120	每公营企业销售利润率	公营企业利润/公营企业数
	var121	企业赤字率	赤字企业/总企业数
	var122	每外资企业销售利润率	外资企业利润/外资企业行业成本
	var142	每国营企业销售利润率	财富企业利润/国营企业成本
社会资本投入	var123	农民人均农业支出	农业支出/农业人口
	var124	农民人均医疗支出	医疗支出/总人口
	var125	农民人均教育支出	教育支出/总人口
	var126	教育支出占财政支出的比重	教育支出/财政支出
	var127	农业支出占财政支出的比重	农业支出/财政支出
	var128	国营企业固定资产投资比例	国营企业固定资产投资/固定资产投资
	var129	行政支出占财政支出的比重	行政支出/财政支出

注：在进行主成分分析时，析出的主成分的共性得分在0.5以下的数据，从下一阶段的分析中被删除。

（1）被解释变量

"农村地区生活水准"变量由var001～var016的"职工平均工资""有线电视普及率"等16个变量组成。

（2）解释变量

①农业劳动力投入

"农业劳动力投入"变量由var053～var056的"农业人口比率""农村从业人员占农村从业者的比率""农业从业人员占耕地面积的比率""农业技术人员占农业从业人口的比率"等6个变量组成。

②农业资本投入-土地

"农业资本投入-土地"为代表的变量由var057～var070的"耕地面积占土地面积的比率"等14个变量组成。

③农业资本投入-机械、化肥

"农业资本投入-机械、肥料"为代表的变量由 var071~var092 的"每耕地面积机械总动力""农民 1 000 人均大型农业卡车粮食加工机械比例"等 23 个变量组成。

④耕地变化率

"耕地变化率"为代表的变量由 var094 ~ var096 的"耕地面积占年内增加耕地比重""国家建设用地土地面积的比率""新开垦土地占增加耕地面积"等 7 个变量组成。

⑤非农业劳动力投入

代表"非农业劳动力投入"的变量由 var097~var104 的"非农业从业人员比率""国营企业从业人员比率"等 10 个变量组成。

⑥工业资本投入

"工业资本投入"的变量由 var105~var112 的"员工人均国营企业资产额""工业电气使用度"等 8 个变量构成。

⑦工业企业经营效率

代表"工业企业经营效率"的变量由 var113~var122 的"销售利润率""销售纳税率"以及"每国营企业销售利润率"等 11 个变量构成。

⑧社会资本投入

代表"社会资本投入"的变量由 var123~var129"农民人均农业支出""行政支出占财政支出的比例"等 7 个变量构成。

第七节　总结

在本章中，为阐述课题，对研究假设进行说明，并对本书的分析方法及地区分析层次的设定进行阐述。

本书的研究课题是基于统计二次数据的多变量分析，揭示各项数据对吉林省农村地区差距（生活水准）的影响，并分析出地区特性。为了进行多变量分析，需要庞大的数据支撑。也就是说，收集正确反映农村地区差距这一社会现象的各种数据是分析的第一步。但是，在庞大的数据中，亏损值的存在是不可避免的。特别是在第三章中使用的横向分析数据 144 个变量中存在 278 个损失值。从各变量来看，与企业形态相关的数据的亏损值显著。如果排除这些变量，地区产业特性有可能被标准化，因此对此进行了亏损值处理。

关于变量数据的缺失值的处理方法，本书使用了用某种值代替缺失的补充方法，对亏损值的代入采用了以 0 代入、以平均值代入、以估计值代入的方法。通过对亏损值的处理，将亏损值抑制在最小范围内。另外，从亏损的变量类型来看，表现出非国有企业相关数据和麻、甜菜等设施利用型农业相关数据亏损较多。这表明，非国有企业的情况没有得到明确的把握，地区间农业经营性的差异也很明显。

最后，在本章中分析了三级行政级别对农村地区生活水准差距的重要性。也就是说，从县级的经济、社会、自然、历史条件等方面来看，可以认为是等值的地域扩张。这意味着本书需要将焦点放在更接近居民生活实际状况的行政区划上。

第三章 农村地区生活水准的影响因素结构分析

第一节 问题意识

　　如上一章所述，构建的 142 个组合变量根据"农村地区生活水准因素分析基本框架"被分为 12 个组。如果以这种方式分类的每个组的变量不仅在意识形态上而且在现实上都彼此密切相关。换句话说，按组分类的变量可以聚合到一个主成分中，如果可以假设这种情况，那么总计 142 个变量将汇总为 12 个指标。

　　即使在理论上能设想出这样的情况，但在实际中，这样的状况发生的概率几乎为零。理念性聚合变量是一种被明确把握的社会现象，但是社会现象只有在确定的意识形态上才是明确的。社会现象实际上同时具有多方面的意义。也就是说，从某个哲学理念可以理解的社会现象，也是另一个哲学理念可以把握的社会现象。而且，一个社会现象的形成过程并不是由一个明确的要素所形成的简单现象，而是由许多要素复杂交织而成的复杂现象。所以，在理念上定义并收集多个变量之间的相关关系接近于零，因此，尽管可以考虑哲学理念上的关系，但实际情况可能不存在相互关系。

根据第二章图 2-1 分析框架，提出的各标准化变量为基础，分别重复进行内部因子分析，将背后存在的典型的主成分结构进行分析。提取变量的标准为载荷值 0.5 以上，将所有构成变量的共性因子重复分析直到 0.5 以上的载荷值为止，这是根据在对因子负荷的变量赋予因子的意义时参考 0.5 以上的载荷值。

本章将描述因子分析的全过程和最终的典型主成分结构，其中，每一概念组收集的所有变量的共性大于或等于 0.5。

第二节　农村地区生活水准变量的主成分结构

作为影响农村地区生活水准的组合变量共有 16 个，使用这些变量进行主成分分析，算出主成分得分，以达到分析出理念化的主成分结构的目的。对影响农村地区生活水准相关的 16 个变量进行主成分分析，如表 3-1、表 3-2 所示，分析出 5 个因子。析出的 5 个因子描绘说明了由 16 个组合变量形成的所有方差的 80%。

第一因子表示本征值 6.692，占 16 个变量总方差的 39%。在与农村地区生活水准相关的主成分结构的第一因素上所负荷的主要变量有 10 个。这 10 个变量中，"职工平均工资""人均银行余额""每万户网络加入率""住宅电话持有率""手机持有率""人均邮政营业总额""人均通信营业总额"等 8 个变量为 0.7 以上的正的载荷值，并作为最重要的变量。同时，"每千人拥有医院病床数量"和"每千人拥有医疗技术人数"显示了 ≥0.5 的正载荷值，且构成了相同维度的结构，作为第二因素的构成变量。这些分析出来的变量意味着，在与地区生活水准相关的变量相对较高的地方，职工工资、人均银行余额和医疗水平都较高。也就是说，在生活环境方面，工资收入、通信、邮政、网络、手机等方面的变量显示了发展中的地区生活水准，说明了地区城市化的重要性。另外，"农民平均收入"和"农民平均住宅面积"呈负载荷值。因此，该第一主成分的意思是"城市化生活水准"，即基于城市化生活水准的地区生活水准。该指标越高，意味着该地区的城市化生活水准越高。

第二因子表示本征值2.600，占16个变量的总方差的15%。作为构成地区生活水准的重要因素，析出的第二因素所载荷的变量有4个。在这4个变量中，"汽车拥有率""每千名城市居民生活保障领取人数"这两个变量作为0.7以上的正载荷值作为最重要变量被析出。"每千人拥有医疗技术人员"和"每千人拥有医院病床数量"为0.6以上的正的载荷值。这些变量具有很强的正相关关系，可以认为它们构成了相同维度的结构。另外，在这4个变量中，除"汽车拥有率"以外的3个变量分析出了地区生活水准的福利、医疗等变量。析出的变量的含义是，在表示地区生活水准的变量相对较高的地方，汽车拥有率、医疗水平、福利水平也相对较高。因此，第二因素的含义是"福利医疗水准"，即基于福利医疗水平的地区生活水准。该指标越高，意味着该地区的福利医疗水准越高。

第三因子表示本征值1.871，占16个变量总方差的11%。在第三主成分上载荷的变量有两个。"人均国内生产总值""农民平均收入"被分析为0.7以上的正载荷值，表示最重要变量。这些变量意味着农民平均收入越高的地区，其国内生产总值越高。因此，第三因素的含义是"农民生活水准"，即基于农民生活水准的地区生活水准。该指标越高，意味着该地区的农民生活水准越高。

第四因子表示本征值1.365，占16个变量的总方差的8%。在第四主要成分上载荷的变量是1个变量。该变量"农民平均住房面积"被分析为0.8以上的正载荷值，表示为最重要变量。因此，第三个因素的含义是"农民住宅水准"，即基于农民住宅水准的地区生活水准。该指标越高，就意味着该地区的农民住宅水准越高。

第五因子表示本征值 1.119，占 16 个变量总方差的 7%。该因素的主要构成变量是"每千人农民生活保障金领取人数"。第五主要成分是指"农村贫困人口度"。也就是说，是基于农村贫困人口度的地区生活水准。这个指标越高，就意味着农村贫困人口越多。

表 3-1　农村地区生活水准变量的共同性

	初期	因子提取后
职工平均工资	1.000	.816
农民平均收入	1.000	.959
人均银行余额	1.000	.816
每万户网络加入率	1.000	.652
农民平均住房面积	1.000	.622
有线电视普及率	1.000	.796
住宅电话持有率	1.000	.794
手机持有率	1.000	.615
汽车拥有率	1.000	.775
人均邮政营业总额	1.000	.898
人均通信营业总额	1.000	.722
每千人拥有医疗技术人数	1.000	.898
每千人拥有医院病床数量	1.000	.722
每千人农民生活保障金领取人数	1.000	.786
每千人城市居民生活保障领取人数	1.000	.524
人均国内生产总值	1.000	.804

因子抽出法：主成分分析

表 3-2　有关农村地区生活水准的主成分矩阵

顺序		主成分				
		1	2	3	4	5
VAR001	职工平均工资	0.867	0.062	0.236	−0.248	0.139
VAR002	农民平均收入	0.933	0.246	0.111	−0.063	−0.085
VAR003	人均银行余额	0.877	0.042	−0.115	0.078	−0.131
VAR004	每万户网络加入率	0.851	0.230	0.125	0.047	−0.120
VAR005	农民平均住房面积	0.706	0.467	0.199	0.213	−0.078
VAR006	有线电视普及率	0.738	0.264	−0.367	−0.071	−0.171

表3-2(续)

顺序		主成分				
		1	2	3	4	5
VAR007	住宅电话持有率	0.893	0.121	0.224	0.150	−0.045
VAR008	手机持有率	0.565	0.631	0.055	0.047	0.052
VAR009	汽车拥有率	0.569	0.645	0.158	0.080	0.164
VAR010	人均邮政营业总额	−0.062	0.748	0.179	0.170	−0.051
VAR011	人均通信营业总额	0.233	0.767	−0.159	−0.375	0.002
VAR012	每千人拥有医疗技术人数	0.291	0.089	0.769	−0.121	−0.116
VAR013	每千人拥有医院数量	0.038	0.069	0.895	0.103	−0.027
VAR014	每千人农民生活保障金领取人数	0.078	0.064	−0.016	0.875	0.033
VAR015	每千人城市居民生活保障领取人数	−0.074	0.008	−0.115	0.058	0.951
VAR016	人均国内生产总值	0.430	0.443	−0.070	−0.427	−0.226
	固有值	6.692	2.600	1.871	1.365	1.119
	贡献率	39.365	15.294	11.005	8.032	6.583
	累计贡献率	39.365	54.659	65.664	73.696	80.279
农村地区生活水准		城市化生活水准	福利医疗水准	农民收入水准	农民住宅水准	农村贫困人口度

一、影响农业生产力变量的主成分结构

作为影响农业生产力变量的主成分结构而合成的变量有21个。本章根据这21个变量进行了因子分析，得出结果：在0.5以上的数值中，与主成分结构显示出强关系的变量为20个。因此，排除了与主成分结构具有相对弱相关关系的1个变量"农业人口人均大豆产量"，对上述20个变量进行了第二次因子分析。结果如表3-3、表3-4所示，析出了典型的主成分结构，发现其中所有变量都与提取因子具有0.5以上的共同性。

提取了5个因子作为表示农业生产力的典型的主成分结构，见表3-5，通过这5个因子说明了20个变量的分布的78%。最重要的因素的第一主成分表示本征值5.974，占总方差的30%。在该因子上与因子载荷量0.5以

上的强度有关的变量共有9个，它们是"农业人口人均生产总值""第一产业劳动生产率""农业人口人均农作物总产量""农业人口人均玉米总产量""人均肉类供应量""人均肉猪供应量""农作物单位种植面积总产量""水稻单位种植面积总产量""大豆单位种植面积总产量"。因此，第一主要成分的含义是"农业从业者生产水准"，即基于农业从业者生产水准的农业生产力。这个指标越高，就意味着农业从业人员越多。

表3-3　农业生产力的共同性（1）

	初期	因子提取后
农业人口人均生产总值	1.000	.875
第一产业劳动生产率	1.000	.803
农村家庭劳动生产率	1.000	.694
农业人口人均农作物总产量	1.000	.932
农业人口人均水稻总产量	1.000	.595
农业人口人均玉米总产量	1.000	.925
农业人口人均大豆总产量	1.000	.274
农业人口人均经济作物总产量	1.000	.786
农业人口人均蔬菜总产量	1.000	.823
人均肉类供应量	1.000	.796
人均肉猪供应量	1.000	.710
人均肉羊供应量	1.000	.844
人均牛奶供应量	1.000	.582
人均水产品供应量	1.000	.673
农作物单位种植面积总产量	1.000	.941
水稻单位种植面积总产量	1.000	.732
玉米单位种植面积总产量	1.000	.797
大豆单位种植面积总产量	1.000	.816
油料作物单位种植面积总产量	1.000	.755
蔬菜作物单位种植面积总产量	1.000	.818
水果单位种植面积总产量	1.000	.717

因子抽出法：主成分分析

表 3-4　农业生产力的共同性（2）

	初期	因子提取后
农业人口人均生产总值	1.000	.877
第一产业劳动生产率	1.000	.809
农村家庭劳动生产率	1.000	.694
农业人口人均农作物总产量	1.000	.937
农业人口人均水稻总产量	1.000	.593
农业人口人均玉米总产量	1.000	.924
农业人口人均经济作物总产量	1.000	.793
农业人口人均蔬菜总产量	1.000	.828
人均肉类供应量	1.000	.792
人均肉猪供应量	1.000	.716
人均肉羊供应量	1.000	.840
人均牛奶供应量	1.000	.579
人均水产品供应量	1.000	.684
农作物单位种植面积总产量	1.000	.950
水稻单位种植面积总产量	1.000	.734
玉米单位种植面积总产量	1.000	.801
油料作物单位种植面积总产量	1.000	.762
蔬菜作物单位种植面积总产量	1.000	.824
水果单位种植面积总产量	1.000	.720
大豆单位种植面积总产量	1.000	.819

因子抽出法：主成分分析

表 3-5　关于农村地区生活水准的主成分矩阵

顺序		主成分				
		1	2	3	4	5
VAR017	农业人口人均生产总值	0.922	0.041	0.144	0.016	-0.062
VAR018	农业人口人均农作物总产量	0.967	-0.024	0.010	0.009	0.015

表3-5(续)

顺序		主成分				
		1	2	3	4	5
VAR019	农业人口人均玉米总产量	0.942	0.023	0.009	−0.188	0.020
VAR020	人均肉类供应量	0.749	−0.121	0.195	0.219	0.361
VAR021	人均肉猪供应量	0.705	0.071	−0.005	0.313	0.341
VAR022	农作物单位种植面积总产量	0.840	−0.450	0.191	−0.055	−0.037
VAR023	大豆单位种植面积总产量	0.537	−0.606	0.313	−0.075	−0.246
VAR024	第一产业劳动生产率	0.646	0.126	0.526	0.312	−0.042
VAR025	农村家庭劳动生产率	0.352	0.108	0.586	0.376	0.271
VAR026	水稻单位种植面积总产量	0.615	−0.179	0.506	0.258	0.038
VAR027	农业人口人均经济作物总产量	−0.026	0.831	0.013	−0.122	−0.294
VAR028	人均肉羊供应量	0.079	0.872	−0.090	0.254	−0.034
VAR029	人均牛奶供应量	−0.092	0.599	0.194	−0.337	0.248
VAR030	玉米单位种植面积总产量	−0.428	0.725	−0.223	0.203	−0.048
VAR031	水果单位种植面积总产量	0.173	0.753	−0.213	−0.153	−0.230
VAR032	油料作物单位种植面积总产量	0.140	−0.314	0.780	−0.159	−0.096
VAR033	蔬菜作物单位种植面积总产量	0.035	−0.085	0.863	0.055	0.259
VAR034	农业人口人均水稻总产量	0.208	−0.124	−0.068	0.727	0.037
VAR035	人均水产品供应量	−0.143	0.107	0.187	0.783	−0.064
VAR036	农业人口人均蔬菜总产量	0.125	−0.241	0.189	−0.073	0.844
	固有值	5.974	3.745	2.640	1.927	1.388
	贡献率	29.870	18.726	13.202	9.636	6.942

表3-5(续)

顺序		主成分				
		1	2	3	4	5
	累计贡献率	29.870	48.596	61.799	71.435	78.377
农业生产力		农业从业者生产水准	经济农作物生产水准	农村家庭栽培耕作农业生产水准	农村从业者水稻、水产品生产水准	农村从业者蔬菜生产水准

二、影响工业生产力变量的主成分结构

作为工业生产力变量的主成分结构的组合变量有 10 个。将这 21 个变量进行了因子分析，得出结果：在 0.5 以上的数值中，与主成分结构显示出强关系的变量为 10 个。结果如表 3-6 所示，析出的典型的主成分结构，所有变量都与提取因子有 0.5 以上的共同性。

提取了表示工业生产力的典型的主成分结构的 4 个因子，见表 3-7，这 4 个因子说明了 10 个变量的方差的 74%。最重要的因素第一主成分表示本征值 2.343，占总方差的 23%。在该因子上与因子载荷量 0.5 以上的强度有关的变量共有 5 个，它们是"人均工业生产总值""人均建筑业生产总值""工业企业人均产值""国营企业人均产值""外资企业人均产值"。但是，"人均建筑业生产总值"的变量与第四主要成分的因素构成变量是共同项。因此，第一主要成分的含义是"工业企业生产力"，即以工业企业生产力为基础的工业生产率。这个指标越高，就意味着该地区的工业企业生产力越高。

表 3-6　工业生产力的共同性

	初期	因子提取后
人均工业生产总值	1.000	.793
人均建筑业生产总值	1.000	.596
工业企业人均产值	1.000	.671
国营企业人均产值	1.000	.566
公营企业人均产值	1.000	.791
外资企业员工生产力	1.000	.768
国营企业员工生产力	1.000	.795
公营企业员工生产力	1.000	.861
其他企业员工生产力	1.000	.760
外资企业人均产值	1.000	.755

因子抽出法：主成分分析

表 3-7　工业生产力相关的主要成分矩阵

顺序		主成分			
		1	2	3	4
VAR037	人均工业生产总值	0.712	0.415	0.277	−0.193
VAR038	工业企业人均产值	0.735	0.328	−0.014	0.151
VAR039	国营企业人均产值	0.535	0.394	0.349	0.053
VAR040	外资企业人均产值	0.828	−0.191	−0.115	−0.180
VAR041	人均建筑业生产总值	0.515	0.043	0.236	0.522
VAR042	国营企业员工生产力	0.229	0.857	0.027	0.088
VAR043	外资企业员工生产力	0.014	0.846	0.052	−0.189
VAR044	公营企业人均产值	0.068	0.159	0.868	−0.085
VAR045	公营企业员工生产力	0.034	−0.061	0.925	0.034
VAR046	其他企业员工生产力	−0.006	−0.059	0.039	0.869
	固有值	2.343	1.956	1.881	1.174
	贡献率	23.431	19.556	18.814	11.740

表3-7(续)

顺序	主成分			
	1	2	3	4
累计贡献率	23.431	42.987	61.802	73.542
工业生产力	工业企业生产力	规模企业生产力	公营企业生产力	建筑业生产力

三、影响地方财政变量的主成分结构

作为地方财政状况变量的主成分结构的组合变量有 8 个。将这 8 个变量进行了因子分析，得出结果：在 0.5 以上的数值中，与主成分结构显示出强关系的变量为 7 个。因此，排除了与主成分结构相对弱相关关系的 1 个变量"地方财政收入中增值税的所占比例"，对上述 7 个变量进行了第 2 次因子分析。结果显示，其中 6 个变量的共同性为 0.5 以上，与提取的主成分结构有较强的关系。同时，排除与主成分结构具有弱相关关系的 1 个变量"地方财政支出中基本建设支出的所占比例"，对上述 6 个变量进行了第 3 次因子分析。结果如表 3-8、表 3-9、表 3-10 所示，分析出了典型的主成分结构，所有变量都与提取因子有 0.5 以上的共同性。

本节提取了三个因子作为表示地方财政状况的典型主要成分结构，见表 3-10，这三个因子解释了 6 个变量分布的 89%。最重要的因素第一主要成分表示本征值 2.162，占总方差的 36%。在该因子上与因子载荷量 0.5 以上的强度有关的变量共有 3 个，它们分别是"地方财政收入中个人所得税收入的所占比例""地方财政收入中营业税收入的所占比例"和"地方财政收支情况"。所以，第一主要成分的含义是"个人所得税依存度"，即以个人所得税依存度为基础的地方财政。这个指标越高，说明财政实力越弱。因此，在本书中，财政力弱意味着地方财政中个人所得税的比重较高，地方财政中营业税收入的比重较高。

表 3-8 地方财政的共同性（1）

	初期	因子提取后
地方财政收入中增值税的所占比例	1.000	.458
地方财政收入中个人所得税收入的所占比例	1.000	.858
地方财政收入中营业税收入的所占比例	1.000	.748
地方财政收入中企业所得税的所占比例	1.000	.973
地方财政支出中基本建设支出的所占比例	1.000	.952
人均所得税	1.000	.855
企业所得税	1.000	.970
地方财政收支情况	1.000	.876

因子抽出法：主成分分析

表 3-9 地方财政的共同性（2）

	初期	因子提取后
地方财政收入中个人所得税收入的所占比例	1.000	.826
地方财政收入中营业税收入的所占比例	1.000	.716
地方财政收入中企业所得税的所占比例	1.000	.976
人均所得税	1.000	.952
企业所得税	1.000	.969
地方财政收支情况	1.000	.891

因子抽出法：主成分分析

表 3-10 地方财政的主成分结构

顺序		主成分		
		1	2	3
VAR047	地方财政收入中个人所得税收入的所占比例	.874	.011	.250
VAR048	地方财政收入中营业税收入的所占比例	.824	−119	.151
VAR049	地方财政收支情况	.831	−111	−.433

表3-10（续）

顺序		主成分		
		1	2	3
VAR050	地方财政收入中企业所得税的所占比例	-.025	.987	-.036
VAR051	企业所得税	-.132	.972	.089
VAR052	人均所得税	.124	.027	.967
	固有值	1.939 4	1.600 0	1.208 7
	贡献率	38.788 9	32.000 6	24.175 0
	累计贡献率	38.788 9	70.789 5	94.964 5
地方财政		个人所得税依存度	企业所得税依存度	平均所得税依存度

第三节　解释变量的主成分结构

一、农业劳动力

表示农业劳动力的变量共计 6 个。根据这 6 个变量进行了因子分析，得出结果：在 0.5 以上的数值中，与主成分结构显示出强关系的变量为 4 个。因此，排除与主成分结构相对具有弱相关关系的 2 个变量，对上述 4 个变量进行了第 2 次因子分析。结果如表 3-11 所示，析出的所有变量都与提取因子具有 0.5 以上的共同性。

本节提取了两个因子作为表示地区农业劳动力的典型的主成分结构，见表 3-12，通过这两个因子说明了分散 4 个变量的 79%。最重要的因素第一主要成分表示本征值 1.812，占总方差的 45%。在该因子上与因子载荷量 0.5 以上的强度有关的变量共有 2 个，分别是"农业人口比率"和"第一产业从业人员比率"。因此，第一主要成分的含义是"第一产业劳动投入度"，即基于第一产业劳动力的农业劳动力的投入。

表 3-11　农业劳动力的共同性

共同性（1 次分析）		
	初期	因子提取后
农业人口比率	1	. 785
第一产业从业人员比率	1	. 633
农业从业人员占农村从业者的比率	1	. 751
农业从业人员占耕地面积的比率	1	. 262
农业从业人口占农村劳动力的比率	1	. 699
农业技术人员占农业从业人口的比率	1	. 426

共同性（2 次分析）		
	初期	因子提取后
农业人口比率	1. 000	. 814
第一产业从业人员比率	1. 000	. 785
农业从业人员占农村从业者的比率	1. 000	. 830
农业从业人口占农村劳动力的比率	1. 000	. 724

表 3-12　关于农业劳动力的主要成分矩阵

顺序		主成分	
		1	2
VAR053	农业人口比率	0.895	−0. 119
VAR054	第一产业从业人员比率	0.817	0. 163
VAR055	农业从业人员占农村从业者的比率	−0. 189	0. 891
VAR056	农业从业人口占农村劳动力的比率	0. 467	0. 712
固有值		1. 812 2	1. 341 9
贡献率		45. 305 3	33. 546 8
累计贡献率		45. 305 3	78. 852 2
农业劳动力		第一产业劳动投入度	农业劳动集约率

二、农业资本投入-土地

农业资本投入-土地的变量共计 14 个。将这 14 个变量进行了因子分析，得出结果：在 0.5 以上的数值中，与主成分结构显示出强关系的变量为 14 个。结果如表 3-13 所示，析出的典型主成分结构，所有变量都与提取因子有 0.5 以上的共同性。

表 3-13　农业资本投入-土地的共同性

共同性		
	初期	因子提取后
农民人均耕地面积	1	.861
耕地面积占土地面积的比率	1	.822
有效灌溉面积占耕地面积的比率	1	.875
常用耕地面积占耕地面积的比率	1	.830
农作物种植面积占耕地面积的比率	1	.812
水田占常用耕地面积的比率	1	.959
水稻种植面积占常用耕地面积的比率	1	.544
水稻种植面积占农作物种植面积的比率	1	.946
玉米种植面积占农作物种植面积的比率	1	.904
大豆种植面积占农作物种植面积的比率	1	.767
经济作物种植面积占农作物种植面积的比率	1	.838
蔬菜种植面积占农作物种植面积的比率	1	.675
水果种植面积占农作物种植面积的比率	1	.793
斜面 25 度以上的山坡田	1	.735

本节提取了 5 个因子作为农业资本投入-土地的典型主成分结构，见表 3-14，这 5 个因子解释了 14 个变量分布的 81%。最重要的因素，第一主要成分表示本征值 2.931，占总方差的 21%。在该因子上与因子负荷量 0.5 以上的强度有关的变量共有 2 个。它们分别是"耕地面积占土地面积的比率""玉米种植面积占农作物种植面积的比率"。但是，"大豆种植面积占农作物种植面积的比率"和"斜面 25 度以上的山坡田"变量是-0.5

以上的载荷值。另外，不仅是第一主要成分，在剩下的主成分构成变量中，这两个变量都显示出负的载荷值。因此，在吉林省玉米种植面积越高，"大豆种植面积占农作物种植面积的比率"和"斜面25度以上的山坡田"指标越低。也就是说，第一主要成分的意思是"玉米种植面积比率"。

表 3-14 农业资本投入-土地相关的主成分行列

顺序		主成分				
		1	2	3	4	5
VAR057	耕地面积占土地面积的比率	0.819	−0.071	−0.132	−0.249	−0.259
VAR058	玉米种植面积占农作物种植面积的比率	0.867	0.276	−0.203	−0.021	−0.185
VAR059	斜面25度以上的山坡田	−0.658	−0.265	−0.439	0.006	−0.197
VAR060	大豆种植面积占农作物种植面积的比率	−0.782	0.061	−0.294	−0.166	0.194
VAR061	水田占常用耕地面积的比率	−0.105	0.968	0.045	0.062	−0.077
VAR062	水稻种植面积占农作物种植面积的比率	−0.092	0.965	0.086	0.004	−0.011
VAR063	水稻种植面积占常用耕地面积的比率	0.013	−0.581	0.361	0.008	−0.275
VRA064	有效灌溉面积占耕地面积的比率	0.111	−0.276	0.860	0.082	−0.202
VAR065	经济作物种植面积占农作物种植面积的比率	−0.084	−0.427	0.799	−0.035	−0.095
VAR066	常用耕地面积占耕地面积的比率	0.337	0.218	0.234	0.778	0.096

表3-14(续)

顺序		主成分				
		1	2	3	4	5
VAR067	农作物种植面积占耕地面积的比率	-0.194	-0.119	-0.049	0.867	-0.080
VAR068	农民人均耕地面积	0.449	-0.172	0.444	-0.587	-0.334
VAR069	蔬菜种植面积占农作物种植面积的比率	-0.175	-0.137	-0.191	0.323	0.697
VAR070	水果种植面积占农作物种植面积的比率	-0.200	0.138	-0.092	-0.171	0.835
	固有值	2.930 2	2.746 0	2.154 5	1.913 1	1.619 3
	贡献率	20.929 9	19.614 4	15.389 4	13.664 8	11.566 3
	累计贡献率	20.929 9	40.544 3	55.933 7	69.598 5	81.164 8
农业资本投入-土地		玉米种植面积比率	优质水稻种植面积比率	优质经济作物种植面积比率	常用农作物耕地面积比率	蔬菜水果种植面积比率

三、农业资本投入-机械、化肥

以农业资本投入-机械、化肥为指标的组合变量有23个。根据这23个变量进行了因子分析。结果显示，在0.5以上的数值中，与主成分结构显示出强关系的变量为22个。排除与主成分结构相对具有弱相关关系的1个变量"大型农业卡车使用量占耕地面积的比例"后，对上述22个变量进行了第2次因子分析。结果如表3-15所示，析出的所有变量都与提取因子具有0.5以上的共同性。

表 3-15　农业资本投入-机械、化肥的共同性

共同性		
	初期	因子提取后
机械总动力占耕地面积的比例	1.000	.790
大型农业卡车使用量占耕地面积的比例	1.000	.416
小型农业卡车使用量占耕地面积的比例	1.000	.699
农业用灌溉动力占耕地面积的比例	1.000	.706
粮食加工机械占农作物生产量的比例	1.000	.749
机械耕作面积占耕地面积的比例	1.000	.899
机械播种面积占耕地面积的比例	1.000	.718
农村人均电气消费量在农业从业者中所占比例	1.000	.572
化学肥料使用量占耕地面积的比例	1.000	.812
机械总动力占农作物总产量的比例	1.000	.907
小型机械总动力占农作物总产量的比例	1.000	.900
大型农业卡车机械占农作物总产量的比例	1.000	.919
农业灌溉动力占农作物总产量的比例	1.000	.879
农产品粮食加工机械占耕地面积的比例	1.000	.872
农作物产量化肥使用量的比例	1.000	.919
农民每千人均大型农业卡车粮食加工机械的比例	1.000	.851
农民每千人均小型农业机械	1.000	.841
农民每千人均农业用水动力	1.000	.919
农民每千人均农业粮食加工机械	1.000	.843
农民人均机械耕作面积	1.000	.881
农民人均机械播种面积在农业从业者中所占比例	1.000	.888
农民人均化肥使用量在农业从业者中所占比例	1.000	.869
农民人均水井数	1.000	.682

因子抽出法：主成分分析

　　提取出了 6 个因子作为农业资本投入-机械、化肥的典型主成分结构，通过这 6 个因子说明了 22 个变量分布的 83%，见表 3-16。最重要的因素第一主要成分表示本征值 4.294，占总方差的 20%。在该因子上与因子负荷量 0.5 以上的强度有关的变量共有 4 个。它们分别是"机械总动力占耕地面积的比例""机械播种面积占耕地面积的比例""农民人均机械播种面积在农业从业者中所占比例"和"农民人均化肥使用量在农业从业者中所占比例"。因此，第一主要成分的含义是"耕地机械、化肥整备率"，即基

于机械、化肥的农业资本投入。

表 3-16　农业资本投入-机械、化肥相关的主成分矩阵

顺序		主成分					
		1	2	3	4	5	6
VAR071	机械总动力占耕地面积的比例	0.700	-0.156	0.255	-0.278	-0.280	-0.171
VAR072	机械播种面积占耕地面积的比例	0.693	-0.102	0.194	0.097	0.423	0.022
VAR073	农民人均机械播种面积在农业从业者中所占比例	0.845	0.073	0.153	0.253	0.167	0.214
VAR074	农民人均化肥使用量在农业从业者中所占比例	0.719	0.096	0.324	0.127	-0.106	-0.333
VAR075	农村人均电气消费量在农业从业者中所占比例	-0.721	0.124	0.102	-0.062	0.060	-0.154
VAR076	机械总动力占农作物总产量的比例	-0.003	0.543	-0.359	0.256	-0.070	0.209
VAR077	小型农业卡车机械占农作物总产量的比例	0.248	0.697	0.284	0.163	0.391	0.324
VAR078	大型农业卡车使用量占耕地面积的比例	0.043	0.930	-0.044	0.118	0.111	0.159
VAR079	化学肥料使用量占耕地面积的比例	-0.355	0.852	-0.072	0.021	-0.096	-0.217
VAR080	农民每千人均大型农业卡车粮食加工机械的比例	0.366	0.677	0.045	0.317	0.164	0.354
VAR081	粮食加工机械占农作物生产量的比例	0.377	0.170	0.708	-0.105	-0.133	0.221
VAR082	农产品粮食加工机械占耕地面积的比例	-0.363	0.176	-0.809	-0.047	-0.215	0.058
VAR083	农民每千人均农业粮食加工机械	0.006	0.066	-0.902	0.046	-0.135	0.053
VAR084	小型农业卡车耕地面积	0.010	-0.188	-0.549	-0.099	-0.592	0.062
VAR085	农业灌溉动力占农作物总产量的比例	-0.441	0.305	-0.177	0.740	-0.107	-0.056
VAR086	农民每千人均农业用水动力	0.252	0.009	-0.031	0.919	0.104	-0.050
VAR087	农民人均水井数	0.090	0.195	0.153	0.766	0.055	0.203
VAR088	农业用灌溉动力耕地面积	-0.029	0.001	0.313	-0.548	0.229	0.516
VAR089	农民人均机械耕作面积	0.342	0.212	0.105	0.119	0.808	0.224

表3-16(续)

顺序		主成分					
		1	2	3	4	5	6
VAR090	机械耕作面积占耕地面积的比例	-0.186	-0.031	0.033	-0.125	0.921	-0.002
VAR091	农作物产量化肥使用量的比例	0.005	-0.168	0.092	-0.057	-0.034	-0.895
VAR092	农民每千人均小型农业机械	0.289	0.323	0.379	0.390	0.425	0.429
	固有值	4.294	3.305	3.049	2.865	2.698	1.973
	贡献率	19.517	15.023	13.857	13.024	12.262	8.970
	累计贡献率	19.517	34.540	48.398	61.422	73.684	82.654
农业资本投入-机械、化肥		耕地机械、化肥整备率	农业从业者机械整备率	粮食加工机械整备率	农业从业者灌溉设备整备率	机械耕作整备率	耕地灌溉机械整备率

四、耕地变化率

作为表示耕地变化率的组合变量有8个,如表3-17。根据这8个变量进行了因子分析,得出结果:在0.5以上的数值中,与主成分结构显示出强关系的变量有5个。因此,排除与主成分结构相对具有弱相关关系的3个变量,对上述5个变量进行了第2次因子分析。结果显示,4个变量的数值在0.5以上,与提取的主要成分结构有较强的关系。另外,排除与主成分结构的相关关系相对较弱的1个变量"新开垦耕地占增加的耕地面积比例"后,对上述4个变量进行了第3次因子分析。结果如表3-17所示,析出的典型主成分结构,所有变量都与提取因子有0.5以上的共同性。

提取了表示耕地变化率的典型主成分结构的两个因子,这两个因子说明了4个变量分布的86%,见表3-18。最重要第一主要成分表示本征值为1.996,占总方差的50%。在该因子上与因子负荷量0.5以上的强度有关的变量共有2个。它们分别是"年内增加耕地占耕地面积的比例"和"耕地年间变化率"。因此,第一主要成分的含义是"耕地面积增加率",即基于耕地面积的增加率的耕地变化。

表 3-17　耕地变化率变量的共同性

共同性（1 次分析）		
	初期	因子提取后
年内增加耕地占耕地面积的比例	1.000	.942
新开垦耕地占增加的耕地面积比例	1.000	.647
园地或耕地占耕地面积的比例	1.000	.498
减少面积占耕地面积的比例	1.000	.385
"退耕还林"所占的耕地比例	1.000	.771
斜面 25 度坡田退耕还林面积比例	1.000	.480
国家建设用地面积比例	1.000	.776
耕地年间变化率	1.000	.909

因子抽出法：主成分分析

共同性（2 次分析）		
	初期	因子提取后
年内增加耕地占耕地面积的比例	1.000	.945
新开垦耕地占增加的耕地面积比例	1.000	.399
减少面积占耕地面积的比例	1.000	.362
"退耕还林"所占的耕地比例	1.000	.775
国家建设用地面积比例	1.000	.518
耕地年间变化率	1.000	.912

因子抽出法：主成分分析

共同性（3 次分析）		
	初期	因子提取后
年内增加耕地占耕地面积的比例	1.000	.966
"退耕还林"所占的耕地比例	1.000	.736
国家建设用地面积比例	1.000	.732
耕地年间变化率	1.000	.996

因子抽出法：主成分分析

表 3-18　耕地变化率相关的主要成分矩阵

顺序		成分	
		1	2
VAR093	年内增加耕地占耕地面积的比例	.998	.003
VAR094	耕地年间变化率	.997	.037
VAR095	"退耕还林"所占的耕地比例	.029	-.857
VAR096	国家建设用地面积比例	.064	.853
	固有值	1.996	1.465
	贡献率	49.901	36.617
	累计贡献率	49.901	86.518
耕地变化率		耕地面积增加率	政策引发的土地变化率

五、非农业劳动力

表示非农业劳动力的变量共计 10 个。将这 10 个变量进行了因子分析，结果显示，在 0.5 以上的数值中，与主成分结构显示出强关系的变量为 8 个。排除与提取的主成分结构具有相对弱相关关系的 2 个变量，对上述 8 个变量进行了第 2 次因子分析。结果，如表 3-19 所示，析出的所有变量都与提取因子具有 0.5 以上共同性。

表 3-19　非农业劳动力变量的共同性

共同性（1 次分析）		
	初期	因子提取后
非农业从业人员比率	1.000	.929
国营企业从业人员比率	1.000	.458
公营企业从业人员比率	1.000	.547
其他企业从业人员比率	1.000	.894
从业者与专业技术人员比率	1.000	.078
自营企业从业人员比率	1.000	.869
私营企业和自营企业从业人员的相对比率	1.000	.594
每家企业的员工人数	1.000	.749
私营企业和国营企业从业人员的相对比率	1.000	.844
外资企业从业人员比率	1.000	.618

因子抽出法：主成分分析

表 3-19（续）

共同性（2 次分析）		
	初期	因子提取后
非农业从业人员比率	1.000	.874
公营企业从业人员比率	1.000	.587
其他企业从业人员比率	1.000	.936
私营企业和国营企业从业人员的相对比率	1.000	.877
外资企业从业人员比率	1.000	.602
自营企业从业人员比率	1.000	.763
私营企业和自营企业从业人员的相对比率	1.000	.856
每家企业的员工人数	1.000	.634

因子抽出法：主成分分析

提取了两个因子作为表示地区非农业劳动力的典型主成分结构，这两个因子解释了 77% 的 8 个变量的分布，如表 3-20。最重要的第一主要成分表示本征值为 4.633，占总方差的 58%。在该因子上与因子载荷量 0.5 以上的有关的变量共有 7 个。它们分别是"非农业从业人员比率""公营企业从业人员比率""其他企业从业人员比率""自营企业从业人员比率""私营企业和自营企业从业人员的相对比率""私营企业与国营企业从业人员的相对比率""外资企业从业人员比率"等。但是"自营企业从业人员比率"的变量是第二主要成分也表示 0.5 以上载荷值的共同项目。因此，第一主要成分的含义是"城市从业者指标"，即基于城市从业人员的非农业劳动力。

表 3-20　非农业劳动力相关的主要成分矩阵

顺序		主成分	
		1	2
VAR097	非农业从业人员比率	0.928	0.121
VAR098	公营企业从业人员比率	0.750	−0.166
VAR099	其他企业从业人员比率	0.967	−0.033
VAR100	私营企业和国营企业从业人员的相对比率	0.930	−0.017

表3-20(续)

顺序		主成分	
		1	2
VAR101	外资企业从业人员比率	0.774	0.184
VAR102	自营企业从业人员比率	0.708	0.614
VAR103	私营企业和自营企业从业人员的相对比率	0.553	-0.542
VAR104	每家企业的员工人数	0.059	0.873
固有值		4.632 6	1.509 4
贡献率		57.907 9	18.867 1
累计贡献率		57.907 9	76.775 0
非农业劳动力		城市从业者指标	自营企业从业者指标

六、工业资本投入

表示工业资本投入的变量共计 8 个。根据这 8 个变量进行因子分析，得出结果：在 0.5 以上的数值中，与提取主成分结构显示出强关系的变量为 8 个。结果如表 3-21 所示，析出的典型主成分结构，所有变量都与提取因子有 0.5 以上的共同性。

提取了表示工业资本投入的典型主成分结构的 3 个因子，如表 3-22 所示，通过这 3 个因子说明了 8 个变量分布的 83%，最重要的第一主要成分表示本征值为 3.476，占总方差的 43%。在该因子上与因子载荷量 0.5 以上的有关的变量共有 4 个，分为"员工人均国营企业资产额""员工人均公营企业资产额""国营企业人均工业资产额""公营企业人均工业资产额"。因此，这个第一因子是"工业资本投入"的代表性因子。而且，第一主要成分的意思是"国营、公营企业资本投入度"，即以国营、公营企业资本投入为基础的工业资本投入。

表 3-21 工业资本投入变量的共同性

共同性（1次分析）		
	初期	因子提取后
员工人均国营企业资产额	1.000	.815
员工人均公营企业资产额	1.000	.937
国营企业人均工业资产额	1.000	.629
公营企业人均工业资产额	1.000	.884
员工人均其他企业资产额	1.000	.860
股份企业人均工业资产额	1.000	.835
外资企业人均工业资产额	1.000	.712
工业电气使用度	1.000	.896

因子抽出法：主成分分析

表 3-22 关于工业资本投入的主要成分矩阵

顺序		主成分		
		1	2	3
VAR105	员工人均国营企业资产额	0.899	0.136	−0.153
VAR106	员工人均公营企业资产额	0.959	−0.122	−0.041
VAR107	国营企业人均工业资产额	0.931	0.092	−0.093
VAR108	公营企业人均工业资产额	0.925	−0.032	0.060
VAR109	员工人均其他企业资产额	−0.042	0.723	0.322
VAR110	股份企业人均工业资产额	0.114	0.906	−0.025
VAR111	外资企业人均工业资产额	−0.024	0.814	−0.222
VAR112	工业电气使用度	−0.097	−0.007	0.942
	固有值	3.475 9	2.049 0	1.077 5
	贡献率	43.449 3	25.612 9	13.468 2
	累计贡献率	43.449 3	69.062 2	82.530 4
工业资本投入		国营、公营企业资本投入度	民间资本投入度	工业资源供给度

七、工业企业经营效率

表示工业企业经营效率的组合变量共计 12 个。根据这 12 个变量进行因子分析，得出结果：在 0.5 以上的数值中，与主成分结构显示出强关系的变量为 11 个。排除了与主成分结构相对具有弱相关关系的 1 个变量"公营企业平均销售利润率"，对上述 11 个变量进行了第 2 次因子分析。结果显示，11 个变量的数值在 0.5 以上，与提取的主成分结构有较强的关系。结果如表 3-23 所示，析出的典型主成分结构，所有变量都与提取因子有 0.5 以上的共同性。

表 3-23　工业企业经营效率变量的共性

共同性（1 次分析）		
	初期	因子提取后
国营企业平均销售利润率	1.000	.486
公营企业平均销售利润率	1.000	.861
股份企业平均销售利润率	1.000	.765
外资企业平均销售利润率	1.000	.593
企业赤字率	1.000	.760
销售纳税率	1.000	.867
总资产贡献率	1.000	.834
资产保有率	1.000	.730
流通资产率	1.000	.864
销售利润率	1.000	.932
成本利润率	1.000	.933

因子抽出法：主成分分析

共同性（2 次分析）		
	初期	因子提取后
国营企业平均销售利润率	1.000	.844
股份企业平均销售利润率	1.000	.870
外资企业平均销售利润率	1.000	.839
企业赤字率	1.000	.729
销售纳税率	1.000	.868
总资产贡献率	1.000	.837
资产保有率	1.000	.702
流通资产率	1.000	.929
销售利润率	1.000	.928
成本利润率	1.000	.928

因子抽出法：主成分分析

提取出了工业企业经营效率的典型主成分结构的 5 个因子，通过这 5 个因子说明了 11 个变量分布的 82%，见表 3-24。最重要的第一主要成分显示本征值为 3.55，占总方差的 32%。在该因子上与因子载荷量 0.5 以上的强度有关的变量共有 4 个。它们分别是"销售纳税率""总资产贡献率""销售利润率""成本利润率"。其中"总资产贡献率"与第二主要成分的因子构成变量是共同项。因此，第一主要成分的含义是"企业利润率"，即基于企业一定时期的利润水平的工业企业经营效率。

表 3-24　关于工业企业经营效率变量的主要成分矩阵

顺序		主成分				
		1	2	3	4	5
VAR113	销售利润率	.956	.015	-.076	-.055	.066
VAR114	成本利润率	.958	-.011	-.061	-.043	.068
VAR115	销售纳税率	.923	.015	.102	.050	-.061
VAR116	资产保有率	-.609	.083	.553	.055	-.124
VAR117	总资产贡献率	.637	.626	.167	.041	-.100
VAR118	流通资产率	-.101	.954	-.055	-.058	.057
VAR119	股份企业平均销售利润率	-.072	.026	-.928	.006	-.058
VAR120	公营企业平均销售利润率	-.136	-.079	.102	.882	-.175
VAR121	企业赤字率	-.199	-.071	.218	-.617	-.506
VAR122	外资企业平均销售利润率	-.016	.005	.062	-.084	.910
	固有值	3.533	1.320	1.279	1.181	1.159
	贡献率	35.333	13.204	12.795	11.814	11.594
	累计贡献率	35.333	48.538	61.332	73.146	84.740
工业企业经营效率		企业利润率	流通资产贡献率	股份企业销售利润率	公营企业销售利润率	国营企业销售利润率

八、社会资本投入

表示社会资本投入的变量共计 7 个。根据这 7 个变量进行了因子分析，得出结果：在 0.5 以上的数值中，与主成分结构显示出强关系的变量为 7 个。如表 3-25 所示，析出的典型主成分结构，所有变量都与提取因子有 0.5 以上的共同性。

提取了表示社会资本投入的典型的主成分结构的 3 个因子，如表 3-26，通过这 3 个因子说明了 7 个变量的分布的 74%，最重要的因素第一主要成分表示本征值为 2.232，占总方差的 34%。在该因子上与因子负荷量 0.5 以上的强度有关的变量共有 3 个。其中包括"农民人均农业支出""农民人均医疗支出""农民人均教育支出"等。因此，第一因子是"社会资本投入"的代表性因子。而且，第一主要成分的意思是"农业劳动力质量改善投入度"，即基于农业劳动力质量改善投入度的社会资本投入。

表 3-25　社会资本投入变量的共性

共同性（1 次分析）		
	初期	因子提取后
国营企业固定资产投资比例	1.000	.595
教育支出占财政支出的比重	1.000	.856
农业支出占财政支出的比重	1.000	.723
行政支出占财政支出的比重	1.000	.685
农民人均农业支出	1.000	.721
农民人均医疗支出	1.000	.810
农民人均教育支出	1.000	.807

因子抽出法：主成分分析

表 3-26　社会资本投入变量的主成分矩阵

顺序		主成分		
		1	2	3
VAR129	农民人均农业支出	0.797	−0.294	−0.058
VAR130	农民人均医疗支出	0.886	−0.139	−0.086

表3-26(续)

顺序		主成分		
		1	2	3
VAR131	农民人均教育支出	0.860	0.229	0.112
VAR132	教育支出占财政支出的比重	−0.254	0.869	0.193
VAR133	农业支出占财政支出的比重	0.065	0.835	−0.106
VAR134	国营企业固定资产投资比例	−0.051	−0.030	0.778
VAR135	行政支出占财政支出的比重	−0.033	−0.073	−0.821
	固有值	2.232	1.616	1.351
	贡献率	31.889	23.088	19.300
	累计贡献率	31.889	54.977	74.277
社会资本投入		农业劳动力质量改善投入度	农业、教育支援度	国营企业支援度

九、总结

综上所述，如图3-1分析框架所示，12个变量以组成标准化变量为基础，重复进行内部主成分分析，将背后存在的典型主成分结构析出。提取变量的标准是0.5载荷值以上，直到所构成变量的共同性到0.5及以上为止，结果如表3-27所示。142个合成变量最终被集中在45个主要成分上。通过提取的主要成分说明50%以上全方差的变量，也就是说，只提取与主成分结构密切相关的变量，并析出由这些变量构成的典型主成分结构。同时，小于0.5的因子负荷量的变量被排除在下一阶段的主成分分析中。结果表明，在142个组合变量中，在主成分分析中被排除的变量有13个，所占比率是全部变量的9%。

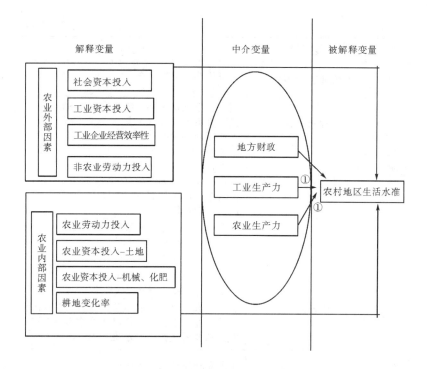

解释变量 中介变量 被解释变量

图 3-1　分析框架中的第四、五节的定位

注：序号表示研究假设；→表示因果关系的指向。

表 3-27　吉林省农村地区生活水准的影响因素的主成分结构分析

分类	变量组	主成分结构
农业内部要因	农业劳动力投入	第一产业劳动投入度（X01） 农业劳动集约率（X02）
	农业资本投入-土地	玉米种植面积比率（X03） 优质水稻种植面积比率（X04） 优质经济作物种植面积比率（X05） 常用农作物耕地面积比率（X06） 蔬菜水果种植面积比率（X07）
	农业资本投入-机械、化肥	耕地机械、化肥整备率（X08） 农业从业者机械整备率（X09） 粮食加工机械整备率（X10） 农业从业者灌溉设备整备率（X11） 机械耕作整备率（X12） 耕地灌溉机械整备率（X13）
	耕地变化率	耕地面积增加率（X14） 政策引发的土地变化率（X15）

表3-27(续)

分类	变量组	主成分结构
农业外部要因	非农业劳动力投入	城市从业者指标（X16） 自营企业从业者指标（X17）
	工业资本投入	国营、公营企业资本投入度（X18） 民间资本投入度（X19） 工业资源供给度（X20）
	工业企业经营效率	企业利润率（X21） 流动资产贡献率（X22） 股份企业销售利润率（X23） 公营企业销售利润率（X24） 国营企业销售利润率（X25）
	社会资本投入	农业劳动力质量改善投入度（X26） 农业、教育支援度（X27） 国营企业支援度（X28）
中介变量	农业生产力	农业从业者生产水准（X29） 经济农作物生产水准（X30） 农村家庭栽培耕作农业生产水准（X31） 农业从业者水稻、水产品生产水准（X32） 农业从业者蔬菜生产水准（X33）
	工业生产力	工业企业生产力（X34） 规模企业生产力（X35） 公营企业生产力（X36） 建筑业生产力（X37）
	地方财政	个人所得税依存度（X38） 企业所得税依存度（X39） 平均所得税依存度（X40）
被解释变量	农村地区生活水准	城市化生活水准（Y1） 福祉医疗水准（Y2） 农民收入水准（Y3） 农民住宅水准（Y4） 农村贫困人口度（Y5）

对每个概念组收集的所有变量使用了主成分分析，概念组内的变量之间的相关关系在1附近形成一维状态。也就是说，最理想的状态是将142个变量分成12个概念组，这12个组可以集中在12个主成分（指标）上。但是，社会现象只要与各种复杂因素交织在一起，就会形成多个层次。本章从12个概念组形成合成变量密集型率为31%，理想的密集型率为10%和21%。另外，从不同群体来看，集约率最高的是"农村地区生活水准"。

由此可见，与其他组相比，"农村地区生活水准"组内部变量之间的相关性较强，作为一个组变量（指标）进行处理的合理性最高。此外，从劳动生产率的差距来看，"非农业劳动力"最低。由此可见，这是比其他组变量更理想的集合，如表 3-28 所示。

如上所述，以 12 个组为对象，分别从其中析出 45 个主成分。这些主成分将作为新的变量（指标）用于后续的分析。

表 3-28　主成分结构分析过程

变量组合	合成变数（A）	排除变数（B）	主成分（C）	排除比率（D=B/A）	集约率（E=C/A）	理想集约率（F=1/A）	集约率差（G=E-F）
农村地区生活水准	21		5		0.238	0.048	19%
农业生产力	20	1	5	5%	0.250	0.050	20%
工业生产力	10		4		0.400	0.100	30%
地方财政	8	2	3	25%	0.375	0.125	25%
农业劳动力投入	6	2	2	33%	0.333	0.167	17%
农业资本投入-土地	14		5		0.357	0.071	29%
农业资本投入-机械、化肥	22	1	6	5%	0.273	0.045	23%
耕地变化率	8	4	2	50%	0.250	0.125	13%
非农业劳动力投入	10	2	2	20%	0.200	0.100	10%
工业资本投入	8		3		0.375	0.125	25%
工业企业经营效率	10	1	5	10%	0.500	0.100	40%
社会资本投入	7		3		0.429	0.143	29%
合计·平均	144	13	45	9%	0.313	10%	21%

第四节　影响农业生产力的因素分析

以本书假设的分析框架为基础，对吉林省第三行政级别的农业生产水准的影响因素进行分析，测量其影响力的程度的同时，阐述农业生产效率的地区间差距的形成机制。

这里根据第三节中表 3-27 所示的指标，为找出引起被解释变量的农业生产的地区间差距因素，将解释变量的"社会资本投入""农业劳动力投入""非农业劳动力投入""农业资本投入-土地""农业资本投入-机械、化肥""耕地变化率""工业企业经营效率""工业资本投入"8个变量从分析因素指标之间的相互关系开始，到重新回归分析验证，使农业生产力表明假设①①的机制。另外，为了根据假设解决本节的课题，如图3-1所示，在分析框架中明示了本节的位置。

在本节中，做多元回归分析的同时导入路径分析和相关分析。引入它的原因是可以利用路径分析来分析变量之间的因果关系，同时也可以将相关关系分解为直接相关和间接相关。另外，相关系数可以测量两个变量之间线性关系的方向和强度，从而确定哪个变量与其他变量最相关。因此，可以防止在构建假设时忽略重要的变量。另外，分门别类看的时候，也可以把握哪个类与其他类具有最高的关联性。因此，通过引入路径分析和相关分析，可以阐明与从属变量相关的间接因素和直接因素。

一、关于农业生产力的相关分析

在各概念组最终析出的主成分结构中，根据主成分的得分来构建最终指标。表3-29示出了由主成分的得分构建的新指标之间的单纯相关关系。被解释变量与农业生产力有统计意义，结果显示第一次产业劳动投入度（ = 0.455），玉米种植面积比率（ = 0.761），耕地机械、化肥整备率（ = 0.799），城市从业者指标（ = -0.590），农业、教育支援度（ = 0.618）为主要成分。

---

① 假设1：产业生产效率的差距会影响农村地区的生活水准。这里用"农业生产力""工业生产力"来衡量其影响。以假设①为基础，本章主要从第四节、第五节分析其产业结构在各种地域布局因素中的影响，揭示最重要的主要成分因素。

表 3-29　解释变量（主成分）与农业生产力之间的相关关系

分类	变量组	主成分结构	农业生产性（Y）
农业内部要因	农业劳动力投入	第一产业劳动投入度（X01） 农业劳动集约率（X02）	.455** -.218
	农业资本投入-土地	玉米种植面积比率（X03） 优质水稻种植面积比率（X04） 优质经济作物种植面积比率（X05） 常用农作物耕地面积比率（X06） 蔬菜水果种植面积比率（X07）	.761** -.036 -.209 -.370* -.307
	农业资本投入-机械、化肥	耕地机械、化肥整备率（X08） 农业从业者机械整备率（X09） 粮食加工机械整备率（X10） 农业从业者灌溉设备整备率（X11） 机械耕作整备率（X12） 耕地灌溉机械整备率（X13）	.799** -.232 .131 .113 -.203 -.210
	耕地变化率	耕地面积增加率（X14） 政策引发的土地变化率（X15）	-.070 .023
农业外部要因	非农业劳动力投入	城市从业者指标（X16） 自营企业从业者指标（X17）	-.590** .279
	工业资本投入	国营、公营企业资本投入度（X18） 民间资本投入度（X19） 工业资源供给度（X20）	-.037 -.178 .149
	工业企业经营效率	企业利润率（X21） 流动资产贡献率（X22） 股份企业销售利润率（X23） 公营企业销售利润率（X24） 国营企业销售利润率（X25）	-.246 .111 .258 -.059 -.073
	社会资本投入	农业劳动力质量改善投入度（X26） 农业、教育支援度（X27） 国营企业支援度（X28）	-.254 .618** .109

注：n=41；＊＊在1%的水平上有意义（两边）；＊在5%的水平上有意义（两边）

从这些相关关系来看，①第一产业劳动力投入越大的县，即"农业人口比例"和"第一产业从业人员比例"越多的县，农业生产效率就越大；②玉米种植面积比例高的县，即耕地面积比玉米种植面积比例多的县，农业生产效率越大；③表明常用农作物耕地面积比重越大的县，农业生产效率越低；④城市从业人员指标比率越高的县，即国营企业从业人员、外资从业人员比率越高的县，农业生产效率越低；⑤农业教育支援高的县，即在财政支出中的教育支出比例、在财政支出中的农业支出比例越高的县，其农业生产性越高。

但是，对农业生产效率的影响因素和农工之间结构的阐明是非常重要的。变量之间的相关分析也是进行路径分析的步骤。本书以此为目的，对农业生产效率和统计意义上被认可的主成分进行了相关分析。

在这里，解释变量（主要成分）之间的相互关系来看，特别是玉米种植面积比率和耕地机械、化肥整备率表现出了非常高的相关关系。因此，得出玉米种植面积比率越高，耕地机械、化肥整备率也越高的趋势。另外，玉米种植面积比例较高，每县耕地面积在机械总动力、机械播种面积包括耕地面积的比率、农民人均机械播种面积、农民人均使用化肥量也较高。农村人口人均电力消费量，总生产量每机械总动力投入低趋势也被预测（参照表3-15）。

另外，除玉米种植面积比率，耕地机械、化肥整备率之外，中介变量的农业生产力与其他解释变量之间也有强烈的关系，所以这六个解释变量中玉米种植面积比率，耕地机械、化肥整备率是一个重要的解释变量也可以很容易理解。另外，城市从业者指标比率越高的县，第一产业劳动力投入度越低，耕地机械、化肥整备率也越低，从这一相关性中可以看出这一点。另外，耕地机械、化肥整备率和农业、教育支援度之间存在0.736的相关关系，由此推测耕地机械、化肥整备率高的县，其农业、教育支援度有积极进行的倾向。

最后，耕地机械、化肥整备率与作为中介变量的农业生产力及从属变量具有有意义的强相关关系，因此可以预测为最重要的变量。但是，城市从业者指标和第一产业劳动力投入度之间存在很强的关联性，很难说这两个变量是相互独立的变量。因此，我们认为，将两个变量（主要成分）同时作为独立变量是不合适的，有必要将其中的一个因子从独立变量中排除[1]。为了判断两个变量（主要成分）中应该排除哪些因素，在下一个回归分析阶段排除与从属变量统计上没有意义的城市从业者指标 x_{16}，具体内容见表 3-30。

表 3-30　解释变量（主成分）之间的相关关系

	第一产业劳动投入度（X01）	玉米种植面积比例（X03）	农作物常用耕地面积比例（X06）	耕地机械、化学肥料维修率（X08）	城市从业者指标（X16）	农业、教育支援度（X27）
第一产业劳动投入度（X01）	1					
玉米种植面积比率（X03）	.554**	1				
常用农作物耕地面积比率（X06）	-.062	-.014	1			
耕地机械、化肥整备率（X08）	.490**	.660**	-.467**	1		
城市从业者指标（X16）	-.836**	-.518**	.113	-.625**	1	
农业、教育支援度（X27）	.611**	.498**	-.283	.736**	-.672**	1

二、关于农业生产力的多元回归分析

这里进行关于农业生产力的多元回归分析。

回归模型：$y_i = \beta_{.0} + \beta_1 x_{1i} + \cdots + \beta_p x_{pi} + \varepsilon_i$（$i = 1, 2, \cdots, n$）

假定这样的关系。其中，$\beta_{.0}$ 是常数项，$\beta_1 \sim \beta_p$ 是回归系数（偏回归系数），ε_λ 是误差项。解释变量"第一次产业劳动力投入度""国营企业支援度"等 27 个变量（城市从业者指标除外）中有多少个变量直接影响中介变量农业生产力，且影响到什么程度？根据逐步回归进行了分析，结果如表 3-31 所示。在构建多元回归模型时，分析出了以下变量：耕地机械、化肥整备率（x_{08}）；玉米种植面积比率（x_{03}）；优质经济作物种植面积比率（x_{05}）。

---

① 关于多元回归分析中独立变量应注意的问题，波恩施泰特和诺基（2006）认为，独立变量之间如果能看到高相关关系（例如系数在 0.80 以上），基于这些数据的回归分析是多重共线性风险的不归之路，并且作为结果能够得到回归系数的标准误差是很大的推测。

表 3-31　影响农业生产力的因素分析——多元回归分析结果

模型摘要									
模型	R	R2 次方	调整推测值 R2 次方	推定值的标准误差	变化的统计量				
					R2 次方变化量	F 变换量	自由度 1	自由度 2	有概率 F 变化量
1	.800a	.640	.631	.607685	.640	69.308	1	39	.000
2	.858b	.737	.723	.526186	.097	14.017	1	39	.001
3	.887c	.788	.770	.479261	.051	8.805	1	37	.005

a. 预测值：（定数），耕地机械、化肥整备率。
b. 预测值：（定数），耕地机械、化肥整备率，玉米种植面积比率。
c. 预测值：（定数），耕地机械、化肥整备率，玉米种植面积比率，优质经济作物种植面积比率。

系数°						
		未标准化系数		标准化系数	t 值	显著概率
		B	标准误差	数据		
追加顺序	（定数）	.000	.075		.002	.999
1	耕地机械、化肥整备率（X08）	.535	.101	.535	5.302	.000
2	玉米种植面积比率（X03）	.409	.101	.409	4.054	.000
3	优质经济作物种植面积（X05）	-.225	.076	-.225	-2.967	.005

这里，从表 3-31 的"模型摘要"来看，模型 1 中增加了耕地机械、化肥整备率，模型 2 中增加了玉米种植面积比率，模型 3 中增加了优质经济作物种植面积。具体来看，在模型 1 中，只对作为最重要变量的耕地机械、化肥整备率变量进行了解释变量的回归分析，其回归分析的决定系数为 0.640。也就是说，这说明耕地机械、化肥整备率中农业生产效率分散的解释力为 64.0%。在模型 2 中，在模型 1 的回归公式中添加玉米种植面积比率，并且对被解释变量进行回归分析。该确定系数为 0.737，并且方差的解释力为 73.7%。另外，在模型 3 中，追加了优质经济作物种植面积，进行了基于 3 个变量的回归分析。通过该分析得到的确定系数为 0.788，并且方差的解释力为 78.8%。模型 2 中 R^2 的变化量是 0.097，模型 3 中 R^2 的变化量是 0.051。增加两个变量后，追加的解释能力分别上升了 9.7% 和 5.1% 左右。

根据表 3-31，影响农业生产率的因素的多元回归模型如下。

$$\hat{y} = 0.535x_{08} + 0.409x_{03} - 0.225x_{05}$$

$$(\,t_{x08} = 5.302\,) \qquad (\,t_{x03} = 4.054\,) \qquad (\,t_{x05} = -2.967\,)$$

$$R^2 = 0.788$$

这些结果表明，耕地机械、化肥整备率（x_{08}）、玉米种植面积比率（x_{03}）、优质经济作物种植面积（x_{05}）3 个变量对农业生产力的直接影响具有统计意义。由此可见，耕地机械、化肥整备率越高，玉米播种面积比率越高，优质经济作物播种面积比率越低，农业生产力越高。如果解释变量农业生产力：①机械总动力占耕地面积的比例、机械播种面积占耕地面积的比率、农民人均机械播种面积、农民人均使用化学肥料量等的资本投入很多（参照表 3-15）②斜面 25 度以上的山坡田、大豆种植面积占农作物种植面积的比率较低，玉米面积占农作物种植面积的比率较高（参照表 3-13），③经济作物播种面积占农作物种植面积的比率高，有效灌溉面积占耕地面积的比率高（参照表 3-13）意味着该区域的农业生产力比较大。

这四个变量直接对农业生产力的影响程度如下：耕地机械、化肥整备率（x_{08}）= 0.535 最强，其次是玉米播种植面积比率（x_{03}）= 0.409，而优质经济作物种植面积（x_{05}）= -0.225 最弱。解释变量对中介变量的直接影响力程度的回归系数（β 值）意味着解释变量的一个单位的增加（减少）将对被解释变量造成多大程度的增加（减少）。这意味着耕地机械、化肥整备率增加 10%，对农业生产力带来了 5.35% 的变化。另外，玉米种植面积比重增加 10% 对农业生产力带来 4.09% 的变化。优质经济作物种植面积增加 10% 相对于农业生产力减少 2.25%。

这里使用由多个变量测量的因果关系强度的分析方法同时，也综合相关分析和多元回归分析的观点。综上，构建了解释变量对农业生产力的影响路径图，如图 3-2 所示。

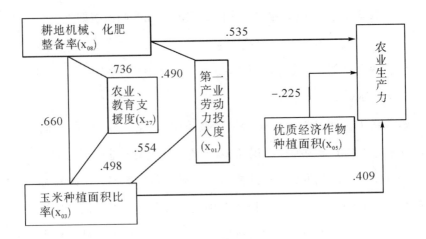

图 3-2 解释变量对农业生产力的影响路径图

注：n=41，→表示因果关系，—表示相关关系。

这里有两个需要注意的地方。第一，如表 3-29 所示，第一产业劳动力投入度（= 0.455）和农业生产力之间的相关系数在统计上被认为有意义，但没有直接影响。这意味着第一次产业劳动力投入度并非直接影响到农业生产力的，而是通过耕地机械、化肥整备率，玉米种植面积比率等其他解释变量影响农业生产力。另外，农业、教育支援度也通过耕地机械、化肥整备率、玉米种植面积比率等其他解释变量影响农业生产力。

具体途径表现为 $[x_{01} \rightarrow x_{08} \rightarrow$ 农业生产力$]$ $[x_{01} \rightarrow x_{08} \rightarrow x_{03} \rightarrow$ 农业生产力$]$ $[x_{01} \rightarrow x_{03} \rightarrow$ 农业生产力$]$ $[x_{27} \rightarrow x_{03} \rightarrow$ 农业生产力$]$ $[x_{27} \rightarrow x_{08} \rightarrow$ 农业生产力$]$ $[x_{27} \rightarrow x_{08} \rightarrow x_{03} \rightarrow$ 农业生产力$]$，根据 $r_{0108} \cdot p_{08}$（0.262）、$r_{0108} \cdot r_{0803} \cdot p_{03}$（0.132）、$r_{0103} \cdot p_{08}$（0.226）、$r_{2708} \cdot p_{08}$（0.394）、$r_{2708} \cdot r_{0803} \cdot p_{03}$（0.199）、$r_{2703} \cdot p_{03}$（0.498）具有间接影响工业生产的能力（图 3-2）。

第二，尽管优质经济作物种植面积和农业生产力的相关关系没有意义，但直接影响是被认定为有意义的。这意味着优质经济作物种植面积直接影响着农业生产力。

三、分析结果的讨论

本节通过相关分析、回归分析和路析分析方法，分析了吉林省农业生产力的相关指标，再加上中介变量农业生产能力和前一节 7 个变量组的主成分进行分析，析出了 27 个主成分的潜在因素。

根据路径分析发现，在吉林省农村地区，耕地机械、化肥整备率，玉米种植面积比率对农业生产力的影响程度较高，是影响农业生产率的主要因素。根据以上的分析结果，可以得出以下的结论。

（1）对于作为被解释变量的农业生产力的影响因素，最有力的解释变量是机械、化肥整备率。这说明，吉林省作为中国主要的商品粮基地，技术上的发展取得了良好的效果。换句话说，在对农业生产力上升作出贡献的以品种改良、灌溉、机械化肥集约投入为特点的农业集约生产法中可以看出，机械、化肥等资本投入取得显著成效。因此，吉林省在农村地区的先行投入以机械、化肥的投入为重点。农业生产力的提高有三个手段：一是土地基础的投资；二是以维持土壤肥沃度为目标的歇闲耕作等农业方法；三是"科学农业"的发展，即化学肥料的投入、农业技术的发展带来的农业生产力的提高。也就是说，在"科学农业"的背景下，农业资本的投入对吉林省的农业生产力做出了巨大贡献。

（2）除了上述机械、化肥整备率之外，直接影响农业生产力的还有玉米种植面积比率。这里所说的玉米种植面积比率数值较高，意思是斜面 25 度以上的山坡田、大豆种植面积占农作物种植面积的比率较低，玉米种植面积占农作物种植面积的比率较高。这种农业生产品种的特征也是吉林省的地域特征。在吉林省的耕种农业中，主要耕种品种是玉米和大米。2004 年，玉米播种面积占耕地面积的 55%，居首位。由此可以看出，虽然评价玉米的效率较高，但农业机械、化肥资本对扩大玉米种植面积的投资并不有效。另外，作为实施"退耕还林还草政策"的重要一环是"斜面 25 度以上的山坡田"比例的减少与耕地面积的减少相关，导致农业生产力下降。由此可见，进入21世纪以来，虽然有了机械技术的发展与应用，但农业生产力的提高却没有摆脱土地自然资源的制约。

（3）另外，农业资本投入（土地）对优质经济作物种植面积和农业生产力的直接影响具有统计意义。除了传统耕作项目玉米、大米以外，如人参、苎麻、蔬菜等其他经济作物对农业生产力却是没有贡献。由此可以判断，人参、苎麻、蔬菜种植面积小，资本投入不足，说明不是集约型农业。

从以上的分析结果可以看出，吉林省农村地区的农业生产力高的地区，玉米种植面积较大，而机械、化肥整备率高的地区，这些地区的经济作物的成功栽培，不能说是"科学农业"投入的依赖度较高可以证明结论。

第五节　影响工业生产力的因素分析

包括吉林省在内的东北地区，在改革开放政策的实施过程中，浩大的工业体系从计划经济体制到市场经济体制也有呈现转换不顺利的现象，表现为工业生产效率低下，国有企业的设备、技术陈旧，并由此引发竞争力下降、失业率增加、地方财政赤字化等经济活力丧失的现象，即所谓的"东北现象"。改革开放政策实施40多年来，东北三省工业总产值占全国的比重大幅下降。2002年，在各省份工业总产值排名中，吉林省从第15位降至第18位，黑龙江省从第7位降至第14位。改革开放之初，辽宁省的GDP是广东省的两倍，但现在却下降明显，也就是说，东北地区的经济在全国范围内出现了地基式下沉。

为克服这种情况，以为吉林省农村地区创造新的增长点作为此次研究的基本目标。本节在分析假设框架的基础上，对吉林省第三行政级别工业生产力的影响因素进行分析，并测量其影响力程度的同时，分析工业生产力提高的机制。

一、关于工业生产力的相关分析

在各概念组最终析出的主成分结构中，根据主成分的得分来构建最终指标。表 3-32 展示了由主成分的得分构建的新指标之间的相关关系。被解释变量与工业生产力有统计上意义，解释变量玉米种植面积比率（=-0.356），粮食加工机械整备率（=0.359），耕地面积增加率（=0.357），自营企业从业者指标（=-0.352），民间资本投入度（=0.765），企业利润率（=0.438）的 6 个主要成分。

分析这些相互关系，①民间资本投入度投入较大的县，即"员工人均其他企业资产额"和"股份企业人均工业资产额"越多的县，其工业生产力较大（参照表 3-22）。②耕地面积增加率高的县，即年内增加耕地占耕地面积的比例、耕地年间变化率越高的县，工业生产力越强（参照表 3-18）。③玉米种植面积比例、自营企业从业人员比率越大的县域，工业生产力越低。

表 3-32　解释变量与工业生产力之间的相关关系

分类	变量组	主成分结构	工业生产力
农业内部要因	农业劳动力投入	第一产业劳动投入度（X01） 农业劳动集约率（X02）	-.227 .074
	农业资本投入-土地	玉米种植面积比率（X03） 优质水稻种植面积比率（X04） 优质经济作物种植面积比率（X05） 常用农作物耕地面积比率（X06） 蔬菜水果种植面积比率（X07）	-.356* .029 -.233 -.262 .101
	农业资本投入-机械、化肥	耕地机械、化肥整备率（X08） 农业从业者机械整备率（X09） 粮食加工机械整备率（X10） 农业从业者灌溉设备整备率（X11） 机械耕作整备率（X12） 耕地灌溉机械整备率（X13）	-.103 -.081 .359* -.103 .162 -.010
	耕地变化率	耕地面积增加率（X14） 政策引发的土地变化率（X15）	.357* .081

表3-32(续)

分类	变量组	主成分结构	工业生产力
农业外部要因	非农业劳动力投入	城市从业者指标（X16）	. 170
		自营企业从业者指标（X17）	**-. 352** *
	工业资本投入	国营、公营企业资本投入度（X18）	. 200
		民间资本投入度（X19）	**. 765** **
		工业资源供给度（X20）	-. 047
	工业企业经营效率	企业利润率（X21）	**. 438** **
		流动资产贡献率（X22）	-. 061
		股份企业销售利润率（X23）	. 001
		公营企业销售利润率（X24）	-. 049
		国营企业销售利润率（X25）	. 025
	社会资本投入	农业劳动力质量改善投入度（X26）	. 110
		农业、教育支援度（X27）	-. 160
		国营企业支援度（X28）	. 089

注：粗体字与工业生产力的相关关系在统计上有意义，＊＊在1%的水平上有意义（两侧），＊在5%的水平上有意义（两侧）。

关注工业企业生产力和统计上有意义的变量之间的相关关系。通过求出变量之间的相关系数，为后续路径分析的路径系数打下基础（表3-33）。其中，特别是民间资本投入度和企业利润率显示出较强的相关性。由此可见，民间资本投入度越高的县，企业利润率也越高。另外，民间资本投入度与企业利润率、耕地面积增加率之间具有统计意义上的相关关系，因此，在这6个解释变量中，民间资本投入度是重要的解释变量。

表 3-33 工业生产力的解释变量（主成分）之间的相关关系

	玉米种植面积比例（X03）	粮食加工机械整备率（X10）	耕地面积增加率（X14）	自营企业从业者指标（X17）	民间资本投入度（X19）	企业利润率（X21）	国营企业支援度（X28）
玉米种植面积比例（X03）	1						
粮食加工机械整备率（X10）	. 231	1					
耕地面积增加率（X14）	-. 200	. 052	1				
自营企业从业者指标（X17）	. 255	. 252	-. 172	1			
国营、公营企业资本投入度（X18）	-. 156	. 002	-. 025	-. 012			

表3-33(续)

	玉米种植面积比例（X03）	粮食加工机械整备率（X10）	耕地面积增加率（X14）	自营企业从业者指标（X17）	民间资本投入度（X19）	企业利润率（X21）	国营企业支援度（X28）
民间资本投入度（X19）	-.302	-.101	.328*	-.278	1		
企业利润率（X21）	-.201	-.103	.219*	-.239	.564**	1	
国营企业支援度（X28）	265	.124	.054	.204	-.030	.214	1

注：**在1%的水平上有意义（两边），*在5%的水平上有意义（两边）。

二、关于工业生产力的多元回归分析

这里进行关于工业生产力的多元回归分析。

回归模型：$y_i = \beta_{.0} + \beta_1 x_{1i} + \cdots + \beta_p x_{pi} + \varepsilon_i$（$i = 1, 2, \cdots, n$）

假定这样的关系。其中，$\beta_{.0}$是常数项，$\beta_{.0} \sim \beta_p$是回归系数（偏回归系数），ε_λ是误差项。解释变量"第一次产业劳动力投入度""国营企业支援度"等27个变量中有多少个变量直接影响中介变量工业生产力，且影响程度如何？根据逐步回归分析法进行了分析，分析结果如表3-34所示。在构建多元回归模型时，分析出了以下变量：民间资本投入度（X_{19}）；粮食加工机械整备率（X_{10}）；国营、公营企业资本投入度（X_{18}）。

表3-34 工业生产力因素分析——多元回归分析结果

模型摘要								
模型	R	R2次方	调整推测值R2次方	推定值的标准误差	变化的统计量			
					R2次方变化量	F变换量	自由度1	自由度2	有概率F变化量
1	.766ᵃ	.586	.575	.651560	.586	55.215	1	39	.000
2	.817ᵇ	.667	.650	.591801	.081	9.274	1	38	.004
3	.841ᶜ	.708	.684	.561821	.041	5.164	1	37	.029

系数°						
		未标准化系数		标准化系数	t 值	显著概率
		B	标准误差	数据		
追加顺序	（定数）	. 000	. 088		. 000	1. 000
1	民间资本投入度（X19）	. 737	. 089	. 737	8. 256	. 000
2	粮食加工机械整备率（X10）	-. 288	. 089	. 288	3. 221	. 003
3	国营、公营企业资本投入度（X18）	. 202	. 089	. 202	2. 272	. 029

从表 3-34 的"模型摘要"来看，模型 1 中增加了民间资本投入度，模型 2 中增加了粮食加工机械整备率，模型 3 中增加了国营、公营企业资本投入度。具体来看，在模型 1 中，将最重要的变量民间资本投入度作为解释变量进行了回归分析，其回归分析的决定系数为 0.586。也就是说，在民间资本投入度上，工业生产力分散的解释力是 58.6%。在模型 2 中，对模型 1 的回归分析增加了粮食加工机械整备率，与被解释变量进行了回归分析。由此确定系数指标为 0.667，方差的解释力为 66.7%。另外，在模型 3 中，追加了国营、公营企业资本投入度，对 3 个变量进行了回归分析。通过该分析得到的确定系数是 0.708，说明方差的解释力是 70.8%。模式 $2R^2$ 的变化量是 0.081，模式 $3R^2$ 的变化量是 0.041，增加两个变量后，解释力分别上升了 8.1% 和 4.1% 左右，从"量"有意义概率 f 变化，可以判断模型 1、模型 2 的效果在 1% 水平上有意义，在模式 3 的效果在 5%，统计上有意义。根据表 3-34 的分析结果导出的回归式如下。

$$\hat{y} = 0.737x_{18} + 0.288x_{10} + 0.202x_{17}$$

$$(t_{x18} = 8.256) \qquad (t_{x10} = 3.221) \qquad (t_{x17} = 2.272)$$

$$R^2 = 0.788$$

这些结果表明，"民间资本投入度""粮食加工机械整备率""国营、公营企业资本投入度"这 3 个变量对工业生产力的直接影响在统计上有意义。而且，随着民间资本投入度增高，国营、公营企业资本投入度越高，粮食加工机械整备率比率越低，工业生产力就越高。

换句话说，中介变量的工业生产力主要是：①员工人均其他企业资产额、股份企业人均工业资产额、外资人均工业资产额等资本投入较多（参见表3-21）。②员工人均公营企业资产额、员工人均国营企业资产额、国营企业人均工业资产额等规模较大的企业较多（表3-22）。③粮食加工机械占每耕地面积的比例越高，农民每千人均农业粮食加工机械越低（见表3-15），意味着县域的工业生产力越大。

这3个变量直接对工业生产力的影响程度如下：民间资本投入度＝0.737，最强；其次为粮食加工机械整备率＝0.288；国有、公营企业资本投入度＝0.202，最弱。其对中介变量的直接影响程度的回归系数（β值）意味着解释变量的一个单位的增加（减少）将对被解释变量带来一定程度的增加（减少）。这意味着，民间资本投入度，国营、公营企业资本投入度增加10%，以及粮食加工机械整备率减少10%，对工业生产力分别带来7.37%、2.02%、2.88%的变化。

这里使用由多个变量的因果关系强度的分析方法进行路径分析，同时也综合相关分析和多元回归分析的观点。因此，构建解释变量对工业生产力的影响路径图，如图3-3所示。

这里有两个需要注意的地方。第一，表3-32提出了玉米种植面积比率（＝-.356）、耕地面积增加率（＝.357）、自营企业从业者指标（＝-.352）、企业利润率（＝.438）和工业生产力之间的相关系数在统计上有意义，但没有直接的影响。值得注意的是，这意味着耕地面积增加率、企业利润率并非直接影响农业生产力，而是以民间资本投入度为中介间接影响工业生产力，其路径为 [$x_{14} \rightarrow x_{19} \rightarrow$工业生产力] [$x_{21} \rightarrow x_{19} \rightarrow$工业生产力] 这两条路径。$r_{x1419} \cdot \beta_{19}$（0.241），即耕地面积增加率与民间资本投入度的相关系数为.328，民间资本投入度影响工业生产力。如果乘以这些系数，可以很容易地计算出耕地面积的增加率对工业生产力的间接影响是0.241。同样，企业利润率通过 $r_{x2119} \cdot \beta_{19}$ 的途径，以0.416的强度对工业生产力产生间接影响。

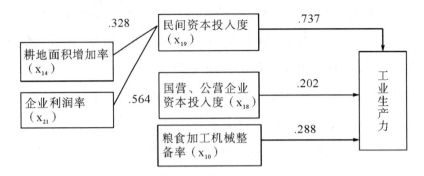

图3-3　对工业生产力的解释变量影响的路径图

第二，尽管国营、公营企业资本投入度和工业生产力之间的单纯相关性是没有意义的，但直接影响（=.202）被认为是有意义的。这意味着国营、公营企业资本投入度将直接影响工业生产力。

三、分析结果的讨论

本节通过相关分析、回归分析，结合吉林省的工业生产力和相关的指标，再加上中介变量工业生产力和7个变量进行主成分分析，析出的28个主要成分的潜在因素，通过主要成分分析，明确了工业生产力的影响因素。

路径分析显示，在吉林省农村地区，民间资本投入度，国营、公营企业资本投入度的影响度较高，是影响工业生产力的主要因素。另一方面，粮食加工机械整备率存在负面影响。根据以上的分析结果，可以得出以下的结论：

（1）对于作为被解释变量的工业生产力的规定因素，最有力的解释变量是民间资本投入度。换言之，非国有经济的发展将成为工业生产力的原动力。事实表明，吉林省经济改革实现了市场化要素的增加和非国有经济的迅速发展，地区国有经济的比重在缩小。也就是说，非国有经济的发展提高了工业生产力。

（2）除了上述的民间资本投入度之外，直接影响工业生产力的是国营、公营企业资本投入度。这里所说的国营、公营企业资本投入度的数值越高，就意味着职工人均国营企业资产、国营企业人均工业资产越高。对这样的国营企业、公营企业进行集中投资也是包括吉林省在内的东北地区的地区特征。但是，这种过度投资的效果并不明显。特别是非国有经济部门发展显著，而吉林省国营、公营经济对工业生产力的影响有限。在本书中，从 2004 年的情况看，β_{x17} 系数仅为 0.202，与民间资本投入相差 3 倍。因此，应该通过国营、公营经济的改革，提高吉林省工业生产力的活力和发展动力。

（3）另外，与农业资本投入（机械、化肥）有关的粮食加工机械整备率与工业生产力的直接影响在统计上是有意义的，同时这有着重要且现实的背景。如果说"东北现象"在 90 年代初被用作工业经济落后的代名词，那么现在在农业领域的问题也很突出。在加入 WTO 前后，曾经作为"粮仓"的东北三省，由于国内价格高于国际市场价格，导致农民和地方政府在大量剩余农产品的保管和处理上吃尽了苦头。即使农作物增产，农民的收入也难以上升，这影响了农业生产力及农业相关产业的发展，地方政府将农产品加工产业作为新的产业发展，一直致力于培养农业技术产品、农业加工企业。由此可见，粮食加工机械整备率对工业生产力起着重要的影响。

从以上的分析结果可以看出，吉林省农村地区工业生产力高的地区，基本上是民间资本投入度高的地区。

第六节　影响地方财政的因素分析

前文根据新构建的指标，对影响农业生产力、工业生产力的影响因素进行了分析，重点探讨了影响吉林省农村地方财政的影响因素。根据假设②[1]，明确对地方财政贡献最大的主成分（主要因素），如图 3-4 中的②所

---

① 假设②：地方财政影响农村地区生活水准。地方应该重视财政对农村地区生活水准的影响。

示，表示本节在分析框架中的定位。以新的指标为基础，探讨解释变量"第一次产业劳动力投入度"到"国营企业支援度"的 28 个变量影响地方财政的具体因素。

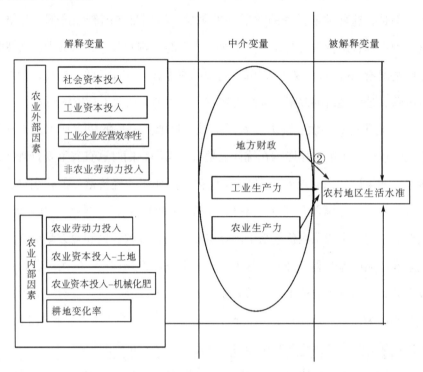

图 3-4　分析框架中的第六节的定位

注：序号表示研究假设；→表示因果关系的指向。

一、关于地方财政的相关分析

在各概念组最终析出的主成分结构中，根据主成分的得分来构建最终指标。表 3-35 指出了由主成分得分构建的新指标之间的相关关系。被解释变量与地方财政在统计上有意义，结果显示解释变量中仅有企业利润率（.585）为主要成分。

表 3-35　解释变量与地方财政之间的关系

分类	变量组	主成分结构	地域财政
农业内部要因	农业劳动力投入	第一产业劳动投入度（X01） 农业劳动集约率（X02）	−0.151 −0.146
	农业资本投入-土地	玉米种植面积比率（X03） 优质水稻种植面积比率（X04） 优质经济作物种植面积比率（X05） 常用农作物耕地面积比率（X06） 蔬菜水果种植面积比率（X07）	−0.155 0.238 −0.209 0.219 0.018
	农业资本投入-机械、化肥	耕地机械、化肥整备率（X08） 农业从业者机械整备率（X09） 粮食加工机械整备率（X10） 农业从业者灌溉设备整备率（X11） 机械耕作整备率（X12） 耕地灌溉机械整备率（X13）	−0.252 −0.163 −0.178 −0.014 0.071 −0.205
	耕地变化率	耕地面积增加率（X14） 政策引发的土地变化率（X15）	0 0.11
农业外部要因	非农业劳动力投入	城市从业者指标（X16） 自营企业从业者指标（X17）	0.059 −0.158
	工业资本投入	国营、公营企业资本投入度（X18） 民间资本投入度（X19） 工业资源供给度（X20）	−0.069 0.272 0.09
	工业企业经营效率	企业利润率（X21） 流动资产贡献率（X22） 股份企业销售利润率（X23） 公营企业销售利润率（X24） 国营企业销售利润率（X25）	.585[**] −0.089 0.016 −0.036 0.067
	社会资本投入	农业劳动力质量改善投入度（X26） 农业、教育支援度（X27） 国营企业支援度（X28）	−0.186 −0.244 −0.072

注：粗体字表示地方财政和相关关系在统计上有意义。

从相关分析来看，与地方财政不相关的是与农业相关的变量组。首先，农业劳动力、农业资本投入、农业机械和化肥资本投入在统计上没有意义，相关系数大部分呈负值。但是，由此可以看出，与农业相关的"土地、劳动、资本"对农村地区的财政状况也产生了负面影响。也就是说，农业生产三要素与地方财政存在负相关关系。

另外，从工业企业经营效率的变量组中析出的主成分是"企业利润率

= . 585"，显示出较强的相关系数。由此可见，企业利润率影响着地方财政的平衡。而且，从"社会资本投入"中提取的主成分与地方财政的统计意义不相符，显示出负相关关系。换句话说，越是积极投入社会资本的地区，地方财政状况越恶化。

二、关于地方财政的多元回归分析

这里对地方财政进行多元回归分析。

回归模型：$= \beta_0 + \beta_1 x_{1i} + \cdots + \beta_p x_{pi} + \varepsilon_i$（$i = 1、2、\cdots、n$）

假定这样的关系。其中 β_0 是常数项，β_1、β_p 是回归系数（偏回归系数），ε_i 是误差项。解释变量"第一次产业劳动力投入度"到"国营企业支援度"的 28 个变量中有哪些变量直接受到中介变量"地方财政"影响，且影响到什么程度？根据逐步回归分析法进行了分析，分析结果如表 3-36 所示。

表 3-36　地方财政因素分析过程

模型摘要				
模型	R	R2 次方	调整推测值 R2 次方	标准误差
1	. 585ª	. 342	. 325	. 828660

a. 预测值：（定数）、企业利润率

系数ª							
模型	未标准化系数		标准化系数	t 值	显性概率	共线性的统计量	
	B	标准误差	数据			容许度	VTF
1 （定数）	-. 023	. 131		-. 177	. 860		1. 000
企业利润率（X21）	. 585	. 132	. 585	4. 443	. 000	1. 000	

从表 3-36 的"模型摘要"来看，在模型中，只对重要变量"企业利润率"进行了解释变量的回归分析，回归分析的决定系数为 0. 325。也就

是说，在企业利润率中，地方财政分散的解释力是 32.5%。同时可以确定的是，模型的效果在 1% 的水平上是有意义的，在统计上是有意义的。

用表 3-36 的分析结果导出的回归式如下。

$$\hat{y} = . 585x_{21} \qquad R^2 = . 325$$

$$(t_{x21} = 4. 443)$$

这些结果表明，企业利润率（x_{21}）这一变量对地方财政的直接影响具有统计意义。而且，企业利润率越高，地方财政就越健康。换句话说，中介变量"地方财政"意味着，销售利润率、成本利润率、销售纳税比例、总资产贡献率较高的县域（见表 3-23），地方财政比较稳定。

三、分析结果的讨论

本节通过相关分析、回归分析，结合吉林省的地方财政和相关指标，再加上中介变量地方财政和 7 个变量主成分分析，析出的 28 个主要成分影响的潜在因素，通过回归分析明确地方财政的影响因素。

路径分析显示，吉林省企业利润率对企业经济效益的影响程度较高，是地方财政稳定的主要因素。另一方面，与农业产业相关的变量在统计上没有表现出意义。因此，这一点很值得关注。

根据以上的分析结果，可以得出以下的结论。对于作为中介变量的地方财政因素，最有力的解释变量是企业利润率。换句话说，从企业利润率的主成分的组成因素来看，销售利润率（=. 956）、成本利润率（=. 958）、销售纳税率（=. 923）、总资产贡献率（=. 637）、资产保有率（=-. 609）（参照表 3-24）。进一步分析，地方财政收入中个人所得税收入的所占比例（=. 874），地方财政收入中营业税收入的所占比例（=. 824），地方财政收支情况（=. 831）（参照表 3-10）。由此可见，作为评价工业企业经营效率的重要指标，企业利润率对地方财政的稳定起到了很大的影响。

第七节　影响农村地区生活水准的因素分析

本节在假设框架的基础上，分析吉林省农村地区的县级农村地区水准的影响因素，测量其影响力的程度的同时，分析农村地区生活水准的地区间差距的形成机制。以构建的新指标为基础，本书重点探讨了影响吉林省农村地区生活水准的规定因素。本节课题的目标是探讨解释变量"第一次产业劳动力投入度"到"国营企业支持度"的 28 个的变量及中介变量中哪个变量对农村地区生活水准产生影响且影响程度如何？接下来，先研究与农村地区生活水准的相关关系。

一、关于农村地区生活水准的相关分析

在各概念组最终析出的主成分结构中，根据主成分得分来构建最终指标。表 3-37 指出了由主成分的得分构建的新指标之间的相关关系。被解释变量农村地区生活水准在统计上有意义，提出了解释变量分别是第一次产业劳动力投入度（=-.790），玉米种植面积比率（=-.607），蔬菜水果种植面积比率（=.524），耕地机械、肥料整备率（=-.733），城市从业者指标（=.864），农业劳动力质量改善投入度（=.429），农业、教育支援度（=-.604），农业从业者生产水准（=-.612），农业从业者蔬菜生产水准（=.440），规模企业生产力（=.703），平均所得税依存度（=.864）等 11 个主要成分。

根据这些相关系数，我们认为地方财政的平均所得税依存度（=.864）是影响地方财政的主要成分。由此可见，①地方财政的平均所得税和个人所得税越多的县，农村地区的生活水准就越高。②规模企业生产力（=.703）越高的县，即国营企业职工的生产效率、外资企业职工的

生产效率越高的县，农村地区生活水准越高。同时可以看出，中介变量的地方财政和工业生产力析出的指标对农村地区生活水准有很大的影响。③城市从业者指标（=.864）越高的县，即非农业从业人员比率、公营企业从业人员比率、其他企业从业人员比率、私营企业与国营企业从业人员比率、外资企业从业人员比率、个体员工比率越高的县，其农村地区生活水准越高。④第一次产业劳动力投入度（=-.790），玉米种植面积比率（=-.607），耕地机械、化肥整备率（=-.733），农业、教育支援度（=-.604），农业从业者生产水准（=-.612）越高的县域，农村地区生活水准呈现越低的趋势。⑤工业资本投入、工业企业经营效率在农村地区生活水准的统计上没有意义。由此可见，工业资本投入、工业企业经营效率并不是影响农村地区生活水准的主要因素。

表 3-37 解释变量、中介变量与农村地区生活水准之间的相关关系

相关系数		
解释变量模型	解释变量（主成分 X）	农村地区 生活水准
农业劳动力投入	第一产业劳动投入度（X01） 农业劳动集约率（X02）	-.790** .077
农业资本投入-土地	玉米种植面积比率（X03） 优质水稻种植面积比率（X04） 优质经济作物种植面积比率（X05） 常用农作物耕地面积比率（X06） 蔬菜水果种植面积比率（X07）	-.607** -.028 -.031 .102 .524**
农业资本 投入-机械、 化肥	耕地机械、化肥整备率（X08） 农业从业者机械整备率（X09） 粮食加工机械整备率（X10） 农业从业者灌溉设备整备率（X11） 机械耕作整备率（X12） 耕地灌溉机械整备率（X13）	-.733** .120 -.013 -.147 .094 .107
耕地变化率	耕地面积增加率（X14） 政策引发的土地变化率（X15）	.044 .110
非农业劳动力投入	城市从业者指标（X16） 自营企业从业者指标（X17）	.864** .011

表3-37（续）

工业资本投入	国营、公营企业资本投入度（X18） 民间资本投入度（X19） 工业资源供给度（X20）	. 293 . 200 -. 256
工业企业经营效率	企业利润率（X21） 流动资产贡献率（X22） 股份企业销售利润率（X23） 公营企业销售利润率（X24） 国营企业销售利润率（X25）	. 210 -. 054 -. 202 . 156 . 241
社会资本投入	农业劳动力质量改善投入度（X26） 农业、教育支援度（X27） 国营企业支援度（X28）	. 429 ** -. 604 ** . 143
农业生产力	农业从业者生产水准（X29） 经济生产物生产水准（X30） 农村家庭栽培耕作农业生产水准（X31） 农业从业者水稻、水产品生产水准（X32） 农业从业者蔬菜生产水准（X33）	-. 612 ** -. 180 -. 099 -. 084 . 440 **
工业生产力	工业企业生产力（X34） 规模企业生产力（X35） 公营企业生产力（X36） 建筑业生产力（X37）	. 226 . 703 ** . 165 -. 225
地方财政	个人所得税依存度（X38） 企业所得税依存度（X39） 平均所得税依存度（X40）	. 094 -. 140 . 864 **

二、关于农村地区生活水准的多元回归分析

这里对农村地区生活水准进行多元回归分析。

回归模型：$= \beta_0 + \beta_1 x_{1i} + \cdots + \beta_p x_{pi} + \varepsilon_i$（$i = 1, 2, \cdots, n$）

假定这样的关系。其中，β_0 是常数项，β_1、β_p 是回归系数（偏回归系数），ε_λ 是误差项。解释变量第一次产业劳动力投入度到国营企业支援度的 28 个变量及中介变量中从农业从业者生产水准到平均所得税依存度的 12 个变量中，哪些变量对被解释变量农村地区生活水准产生了影响且影响到什么程度？根据逐步式回归分析进行了分析。分析结果如表 3-38 所示。

表3-38　影响农村地区生活水准的因素分析过程

模型摘要

模型	R	R2次方	调整推测值R2次方	标准误差	变化的统计量				
					R2次方变化量	F变换量	自由度1	自由度2	有概率F变化量
1	.849[a]	.720	.713	.53593178	.720	100.265	1	39	.000
2	.922[b]	.850	.842	.39799423	.130	32.718	1	38	.000
3	.932[c]	.868	.858	.37731590	.019	5.279	1	37	.027
4	.943[d]	.890	.890	.34994663	.021	7.014	1	36	.012
5	.952[e]	.907	.907	.32590908	.017	6.506	1	35	.015
6	.959[f]	.919	.919	.30902387	.012	4.929	1	34	.033

系数[a]

模型	未标准化系数		标准化系数	t值	显性概率	共线性的统计量	
	B	标准误差	数据			容许度	VTF
1（定数）	-.023	.048		-.304	.763		
2 平均所得税依存度（X40）	.439	.084	.440	5.252	.000	.340	1.941
3 耕地机械、化肥整备率（X08）	-.370	.058	-.366	-6.370	.000	.721	1.386
4 第一产业农业劳动力投入度（X10）	-.305	.086	-.306	-3.529	.001	.318	1.141
5 粮食加工企业整备率（X34）	.237	.056	.242	4.214	.000	.724	1.382
6 工业企业生产力（X34）	.155	.053	.155	2.910	.006	.844	1.185
7 优质水稻种植面积比率（X04）	-.120	.054	-.120	-2.220	.033	.817	1.224

从表 3-38 可以看出，多元回归模型构建的是"平均收入税负率（X_{40}），耕地机械、化肥整备率（X_{08}），第一次产业劳动力投入度（X_{01}），粮食加工机械整备率（X_{10}），工业企业生产能力（X_{34}），优质水稻种植面积比率（X_{04}）"。

在这里，从表 3-38 的"模型摘要"来看，在模型 1 中，将最重要的变量平均所得税依存度主要成分进行回归分析，回归分析的 R^2 决定系数解释为 0.713。也就是说，在平均所得税依存度中，农村地区生活水准分散的解释力为 71.3%。在模型 2 中，在模型 1 的回归式上追加耕地机械、化肥整备率，与被解释变量进行回归分析。该 R^2 决定系数指数为 0.842，并且方差的解释力为 84.2%。另外，在模型 3 中，追加第一产业劳动力投入度，根据 3 个变量进行回归分析。通过该分析得到的确定系数是 0.858，并且方差的解释力是 85.8%。并且，在模型 4 中，在模型 3 的回归式中追加了粮食加工机械整备率，与被解释变量进行回归分析，其回归系数 R^2 为 0.89。也就是说，方差的解释力是 89%。在模型 5 中，对模型 4 的回归式新加上工业企业生产力进行了基于 5 个变量的回归分析。通过该分析得到的决定系数为 0.907，方差的解释力上升到 90.7%。并且，在模型 6 中，在模型 5 的回归式中加入新的优质水稻种植面积比例，通过对 6 个变量进行回归分析，得到的 R^2 决定系数是 0.919，意味着方差的解释力上升到 91.9%。

模型 $2R^2$ 的变化量是 0.13，模型 $3R^2$ 的变化量是 0.019，模型 $4R^2$ 的变化量是 0.021，模型 $5R^2$ 的变化量是 0.017，模型 $6R^2$ 的变化量是 0.012。4 个变量追加的解释力分别为 13%，1.9%，2.1%，1.7%，上升了 1.2% 左右。模型 3、模型 4、模式 5 在 5% 水平上，就可以判断其在统计上有意义。用表 3-37 的分析结果导出回归式如下。

$$\hat{y} = .\,440x_{40} - .\,366x_{08} - .\,306x_{01} + .\,242x_{10} + .\,155x_{34} - .\,120x_{04}$$

$$R^2 = .\,920$$

（ $t_{x40}=5.252$ ）（ $t_{x08}=-6.370$ ）（ $t_{x01}=-3.529$ ）（ $t_{x10}=4.214$ ）（ $t_{x34}=2.910$ ）（ $t_{x04}=-2.22$ ）

从这些结果可以看出，平均所得依存度，耕地机械、化肥整备率，第一次产业劳动力投入度，粮食加工机械整备率，工业企业生产力，优质水稻种植面积比率6个变量对农村地区生活水准有统计上意义。同时，平均所得税依存度越高，粮食加工机械整备率、工业企业生产力、耕地机械、化肥整备率、企业所得税依存度、第一次产业劳动力投入度、优质水稻种植面积比率越低，农村地区生活水准越高。由上可知，被解释变量的农村地区生活水准：①人均所得税低（参照表3-10）；②机械总动力占耕地面积的比例、机械播种面积占耕地面积的比率、农民人均机械耕种面积、农民人均化肥使用量在农业从业者中所占比例多，农村人均电力消费量在农业从业者中所占比例少（参照表3-16）；③农业人口比率、第一次产业从业人员比率较高（参照表3-12）；④人均工业生产总值、国营企业人均产值、外资企业人均产值较多（参照表3-7）；⑤水田占常用耕地面积的比率、水稻种植面积占常用耕地面积的比率较多（参照表3-14）。这意味着在具备从①到⑤的5个要素的县中，农村地区生活水准比较高。

表 3-39 农村地区生活水准的解释变量（主要成分）之间的相关关系

主成分	X03	X07	X16	X26	X27	X29	X33	X01	X04	X08	X10	X34	X40
玉米种植面积比率（X03）	1												
蔬菜水果种植面积比率（X07）	.011	1											
城市从业者指标（X16）	-.519**	.582**	1										
农业劳动力质量改善投入度（X26）	-.528**	-.165	.371*	1									
农业、教育支援度（X27）	.528**	-.444**	-.680**	-.003	1								
农业从业者生产水准（X29）	.765**	-.310*	-.577**	-.255	.621**	1							
农业从业者蔬菜生产水准（X33）	.037	.560**	.550**	.191	-.175	.000	1						
第一产业劳动投入度（X01）	.543**	-.475**	-.811**	-.463**	.613**	.455**	-.530**	1					
优质水稻种植面积比率（X04）	.007	.007	.027	-.219	-.240	-.039	-.042	-.061	1				
耕地机械、化肥整备率（X08）	.652**	-.355*	-.623**	-.160	.758**	.799*	-.109	.479*	-.106*	1			
粮食加工机械整备率（X10）	.236	-.048	-.176	-.114	.204	.118	-.102	-.229	.031	-.102	1		
工业企业生产力（X34）	-.353*	.105	.163	.111	-.158	-.165	.101	-.229	.031	-.102	-.345*	1	
平均所得税依存度（X40）	-.477**	.453**	.851**	.534**	-.485**	-.372*	.542**	-.784**	-.084	-.484**	-.150	.117	1

注：** 在 1% 的水平上有意义（两侧）；* 在 5% 的水平上有意义（两侧）

根据表 3-37、表 3-38 和表 3-39 构建解释变量对农村地区生活水准的影响路径图。

这里有两个需要注意的地方。第一，表 3-37 提出了玉米种植面积比率（=-.607），蔬菜水果种植面积比率（=.524），农业劳动力质量改善投入度（=.429），农业、教育支援度（=-.604），农业从业人员蔬菜生产水准（=.444）的简单相关系数在统计上有意义，但没有直接的影响。其中，玉米种植面积比率，蔬菜水果种植面积比率，农业劳动力质量改善投入度，农业、教育支援度，农业从业人员蔬菜生产水平是直接影响到农业生产力的，而耕地机械、化肥整备率，第一次产业劳动力投入度、粮食加工机械整备率，工业企业生产力和平均所得税依存度等其他解释变量是间接影响农村地区生活水准的。

第二，优质水稻种植面积比率、粮食加工机械整备率和工业企业生产力之间的单纯关系尽管不是有意义，但直接影响（=-.120，β_{10} =.242，β_{34} =.155）被认为是有意义。这意味着优质水稻种植面积比率、粮食加工机械整备率和工业企业生产力的变化将直接影响农村地区生活水准。

三、分析结果的讨论

本节通过相关分析、回归分析，结合吉林省农村地区生活水准和相关的指标，再加上中介变量农业生产力、工业生产力、地方财政及第三章中 7 个解释变量通过主要成分分析，分析 40 个主要成分潜在影响因素，通过假定多元回归分析，明确农村地区生活水准的影响因素。

据多元回归分析，在吉林省农村地区，平均所得税依存度、耕地机械、化肥整备率、第一产业劳动力投入度对农村地区生活水准的影响程度较高，是农村地区生活水准的主要影响因素。另一方面，粮食加工机械整备率、工业企业生产力、优质水稻种植面积比重呈现出较弱的影响力，可以看出提高农村地区生活水准需要对这些因素进行调整。

根据以上的分析结果，可以得出以下的结论。

（1）作为被解释变量的农村地区生活水准的影响因素，最有力的解释变量是平均所得税依存度。另外，从地方财政中析出的企业所得税依存度也对农村地区的生活水准产生了影响。由此可见，在分析中，地方财政对吉林省农村地区生活水准的影响力最大。

据 2004 年统计年鉴，在县级财政收入构成中，增值税、营业税、企业所得税、个人所得税分别占 14%、19%、4.2%、5.7%（2005 吉林统计年鉴）。但是，吉林省县级农村地区的地方财政作用于后两者。前者的增值税对地方财政的影响是省和省以下级别政府的财政关系。这一重要背景是 1994 年开始实施的分税制改革，对地区税制的构成产生了重要影响。中央和省之间的税源分别被明确记载，而省、以及省以下的政府被作为"地方"，地方政府之间的支出，支出的分配交给省政府。省级以下地方政府的财政制度改革规定不明确，很多下级地方政府（县、乡镇政府）税收分配关系不明确。具体来看，增值税和企业所得税在中央和省之间分别按 75：25 和 60：40 的比例分配。另一方面，省与省以下政府之间的税收比例由各省决定。当上级政府的财政能力更集中的同时，该地区义务教育、基础设施设备、社会治安、环境保护、行政管理等种种需要提供性公共财产责任的地方将交由下级政府支出负担。由此可见，省政府与县政府之间的财政分配关系也是间接影响地方财政的另一个方面。从公共支出方面来看，地方的市场份额在改革后也一直在 70% 左右徘徊。这是因为福利、教育、医疗等主要社会服务被委托给了地方提供。收入侧的集权化和支出侧的分权导致了县间财政实力差距的扩大。由此可以看出，地方财政的支出差距对农村地区的生活水准产生了很大的影响。

（2）除了上述的平均所得税负担率之外，直接说明农村地区生活水准的是机械、化肥整备率（ =-. 366）。机械、化肥整备率越高，意味着农村地区生活水准越低。机械、化肥的整备率的主要成分为耕地面积每机械总动力、机械播种面积占耕地面积的比重、农民人均机械播种面积、农民人均使用化学肥料量越多,机械、化学肥料维修率很高。但是,这些现象给农村地区的生活水准带来了负面影响。由此可见,要想提高农业生活水准,就应该投入不超过农户经济所需的机械投入和化肥投入的支付能力的资金。

（3）与农业劳动力相关的第一次产业劳动力投入度与农村地区生活水准的直接影响在统计上是有意义的。但是,第一产业的过剩劳动力给农村居民的生活水准带来了负面影响。农村人口过剩是亚洲农业土地有限的主要负担,严重制约着农民收入的增加。总之,要积极从农村解放农村劳动力,需要通过发展非农业产业,创造更多就业机会,吸纳农村剩余劳动力。从劳动生产率低的第一产业向劳动生产率高的第二和第三产业转移的劳动力也将提高整个经济的生产率。另外,经济活动的区域性集中产生的聚集效果也会提高地区经济力。也就是说,非农业发展带来的生产效率的提高,将对经济增长乃至生活水准的提高做出巨大贡献。

（4）在优质水稻种植面积比率和农村地区生活水准之间,尽管相关关系不是有意义的,但直接影响力的回归系数在统计上被认为是有意义的。但是,这对农村地区的生活水准起到了负面作用。也就是说,耕地面积所占的优质稻种植面积比重越大,越影响农村地区生活水准的因素。吉林省农作物主要是玉米、大豆和水稻,其种植面积越大,农产品产量就越高。但是,在粮食销售、粮食储藏两方面面临困难也是不可否认的事实。近年来,粮食价格不断下降,农民纯收入也随之持续下降。更何况这些粮食价格已经超过了国际水平,缺乏国际竞争力。也就是说,在吉林省,仅靠传统的玉米、大豆、小麦的种植,对农村地区的生活水准起到的正面效果是有限的。因此,不仅是土地利用型农业（耕种型农业）,劳动集约型农业（蔬菜、果树栽培）等也应根据市场需求,调整为价格弹性高的农业。因此推进农业经营的规模化,可以进一步促进土地集约、机械化生产效率的提高，最终提高农村地区生活水准。

（5）粮食加工机械整备率与农村地区生活水准之间，尽管相关关系不是有意义的，但直接影响力的回归系数在统计上被认为是有意义的。而且对农村地区的生活水准起着决定性作用。通过提高粮食加工机械整备率，促进农村粮食加工业的发展。农村粮食加工产业是连接农业和工业的重要产业，是农村工业的重要组成部分。通过发展农村加工产业，减少粮食库存，降低成本，减轻粮食补贴负担。另外，随着粮食加工企业的发展，将活跃企业和农户的经济交易，使农户对市场供求动向敏感，制定好生产、出货计划。总之，随着农村粮食加工业的发展，农民收入的提高，将促进农村工业结构的转变和农村生活水准的提高。

（6）在工业企业生产力和农村地区生活水准之间，尽管相关关系不是有意义的，但表示直接影响力的回归系数被认为是有统计意义的。而且对农村地区的生活水准起着决定性作用。从其回归系数来看，$\beta_{34} = .155$ 的影响力较弱。但是，农村劳动力需要从第一产业到非农业产业再到第二产业、第三产业的战略性转移。农民的主要农外收入来源有：①个体营业收入；②本地工资收入；③外出打工等。这都与非农业部门的发展直接相关。由此可以预见，非农业的发展将使农民能够找到稳定的就业岗位，增加收入，对提高农村地区生活水准作出重要贡献。

第八节　总结

在此，对上述第一节至第八节数据分析中得出的主要结果进行总结。

首先，如第二章图 2-1 分析框架所示，基于 12 个组中标准化配置的变量，对每个组都进行主成分分析，并且分析出每个组背后存在的典型主成分结构。其中，提取变量的标准是 0.5 以上，反复进行主要成分分析，直到所有构成变量的共同性到 0.5 为止。结果为 142 个组合变量最终被集中在 45 个主要成分中。

在本章中，由 12 个组形成的合成变量的集合率为 31%（45 主要成分/142 合成变量），理想的集合率为 10%（12 个组/142 合成变量），其差为 21%。从不同群体来看，集约率最高的是"农村地区生活水准"。由此可见，与其他组相比，"农村地区生活水准"组内部变量之间的相关性较强，作为一个组变量（指标）进行处理的合理性最高。如上所述，将 12 个组的 142 个变量为对象，分别从其中析出 45 个主要成分的重要信息。这些主要成分作为新的变量（指标）被用于多元回归分析，并假设产业结构对生活水准产生影响，考察了地区因素对农业生产力和工业生产力的影响。

吉林省是我国主要商品粮生产基地，机械、化肥整备率作为直接作用于农业生产力的影响因素的解释变量，通过技术投入发展农业生产，效果显著。换句话说，与农业生产力提高有关的，以品种改良、灌溉、机械、肥料集中性投入为特点的农业集约生产法，在吉林省的机械、肥料等资本投入取得显著成效。

作为对工业生产力的影响因素最有力的解释变量，直接起作用的是民间资本投入度。换言之，非国有经济的发展将成为工业生产力的原动力。事实证明，中国经济增速前四省（广东、山东、浙江、福建）的经济主体发生了从国企向非国有企业的根本性转变。吉林也实现了国企体制改革，随着市场化要素的增加和非国有经济的快速发展，国有经济区域比重逐渐缩小。也就是说，随着非国有经济的发展，工业生产力不断提高。

笔者认为地方政府在地区开发时发挥重要作用。其理由是，地方政府的影响力巨大，如果无视这些，就很难评价地区开发的成果。另外，Wall 等人（2003）将中国分类为自治型（Autonomy）模式。这意味着省以下的政府间财政关系由省决定（国家不参与）。另一些国家规定省—地方间的关系是统治型（Mandate）模式，日本和德国就是这种典型模式。"自治型"模式的矛盾点在于，省政府有可能使中央的政策失效。即使中央政府在省级进行了财政力的标准化，如果在省以下行政单元不进行标准化执行，国家的贫富差距均衡政策也很难有实效性。由此可见，省与地方政府之间的关系对于中央的政策有着重大的影响。因此，在本章中，地区政府的地区开发的主要评价指标是地方财政集团变量。也就是说，明确影响地方财政的地区因素是本章课题。

多元回归分析结果显示，吉林省农村地区的企业利润率对企业经济效益的影响程度较高，是影响地方财政稳定的主要因素。由于与农业相关的变量在统计上没有表现出意义，因此认为农村地区之间的农业相关产业所征收的农业特产税、农业税等并没有造成农村地区间的差距。

对产业结构、地方财政及地区因素进行了多元回归分析，绘制了变量之间的路径图，探讨了影响农村地区生活水准的影响因素。作为直接因素，从地方财政析出的主成分"平均所得税依存度""第一次产业劳动力投入""企业所得税依存度""耕地机械、化肥整备率"等。一方面对农业生活水准产生正面影响，另一方面对农业相关指标产生负面影响。由此可见，与农业产业相关的"土地、劳动、机械资本"投资越多的县，农村地区的生活水准越低。此外，以工业资本投入为代表的工业产业相关投入不会对农村地区的生活水准产生影响。这意味着，工业资本投入的差距不会影响农村地区生活水准的偏差。这是因为各地区的工业资本投入水平保持在全省平均水平，而农业部门的生产效率差距导致农村地区生活水准差距。同时这种影响是负面的影响。因此，农产品种植结构的转换、农业资本投入的效率化、农产品的市场经济化等政策的实施是提高农村地区生活水准的重要手段。

同时，在28个解释变量（主要成分）中，"耕地机械、化肥整备率"与多个变量之间存在较高的相关性。这些相关关系意味着"耕地机械、化肥整备率"的发展将影响农业生产效率和农村地区生活水准。但是，对农村地区生活水准的影响是负的，因此，农业资本投入的效果将体现在提高农业生产效率上。"耕地机械、化肥整备率"领先的地区，即主要成分得分在1以上的地区，包括榆树县级市、农安县、伊通满族自治县、长岭县、扶余县级市等。这些地区都是国家商品粮生产基地县，是政府优先进行机械、化肥整备的地区，但这些地区具有很强的传统农业性质，不能同时进行工业化。所以，在有限的资金中，实施农业优惠政策，发展农业产业的同时，农业的自然条件强烈影响产业，高季节性的农产品作为商品，其缺点也很大。随着化学肥料市场化的推进，从1998年到2004年的肥料价格总指数年均上涨5%。因此，农业生产成本的增加对农民收入和农业生产产生了较大影响。换句话说，农业生产效率和农村地区生活水准之间通过"耕地机械、化肥整备率"产生了脱节关系。在这种情况下，考虑到农民的经济条件，判断是否有必要选择最适当的妥协点。

也就是说，很难判断一个时期农业相关部门的成果和对农村地区生活水准的持续影响。选择若干不同时期，观察农业相关因素对农村地区生活水准的持续变化，可以比较立体地判断农业产业相关因素对农村地区生活水准差距的影响因素。换句话说，由农业生产物构成的农业部门生产效率也是在变化中的。因此，基于这种横向分析结果探究影响农村地区生活水准的机制这样的研究结果也不稳定。

另外，从作为中介变量的农业生产力和工业生产力的变量组中析出的变量（主要成分），如假设的那样，对农村地区生活水准没有直接的影响。但是，农业生产性和农村地区生活水准 $r = -.612$ 的负相关性得到了统计学意义的认可。另外，工业生产力和农村地区生活水准呈 $r = .703$ 的正相关关系。由此可见，农业生产力和工业生产力的影响是截然相反的。

以上分析表明，农业部门和非农业部门对农村地区生活水准的影响方向是相反的。由此可以看出，在农村地区生活水准差距问题上，农业部门和非农业部门的差距最终导致了农村地区生活水准的差距。但是，到目前为止的分析可以看出其局限性。当然，对农村地区生活水准的差距可以判断农业和非农业的影响方向，但没有明确农业生产力、工业生产力、地方财政三者的关系。换句话说，作为独立的集团，制定与农业和工业相关的指标，并对农村地区生活水准的影响因素进行了研究，但缺乏连接工业和农业的指标。对于农村地区生活水准差距的具体内容及其地区因素的特征目前不一定能看出来。另外，有必要考虑连接产业结构和地方财政的问题。为了克服这些问题，下一章将对农业相关指标和非农业相关指标进行分组，在非农业组中增加工业和农业间差异的指标和地方财政指标。通过比较农村地区农业这一传统产业和非农业等新兴产业之间的影响，揭示农村地区生活水准的因素。也就是改变视角，从产业之间的差距和时期的视角来研究农村地区生活水准的影响因素。

第四章　对农村地区生活水准产生影响的地区因素分析（按时期分析）

第一节　问题意识与研究课题

一、问题意识

在上一章，笔者依据《2005 吉林统计年鉴》数据得出自变量（28个）、中介变量（12个）和因变量"农村地区生活水准"，并对其进行了主成分分析、相关分析、多元回归分析，通过分析发现农业生产力、工业生产力、地方财政是提高农村地区生活水准的重要因素。

根据上一章的分析结果，我们可以得出代表农业生产力对农村地区生活水准产生负面影响的结论，但这并不意味着农业不重要。换而言之，农村地区生活水准主要由非农业产业及地方财政决定，并非由农业生产力决定。另外，具体来看，在上一章中我们可以分析得出对农村地区生活水准产生影响的直接因素是"平均所得税依存度""第一次产业劳动力投入度""耕地机械、化肥整备率""粮食加工机械整备率""工业企业生产力""优质水稻种植面积比率"等因素。农业产业的相关指标主要由"第一次产业劳动力投入度""耕地机械、化肥整备率""粮食加工机械整备率"等主要成分构成。

另外，非农业产业相关指标由"工业企业生产力""平均所得税依存度"构成。从结果我们可以看到影响吉林省生活水准的主要因素是农业产业与非农业产业累加的差距，这一差距以农业产业与非农业产业间的生产力差距为基轴。

二、本章研究课题

本书的研究对象是拥有广袤而肥沃的黑土地，作为中国重要的商品粮基地的吉林省农村地区。本章将对影响生活水准的农业和非农业角度做全面的分析，并从 1998 年、2001 年、2004 年三个时期对其进行了立体的考察。为制定适应地区特点的政策提供了理论和实践的依据。

美国学者费景汉和拉尼斯在二元经济结构的基础上提出了改造二元结构的新设想。二元经济是处于农业经济和现代经济之间的一个历史时期，从农业经济过渡到现代经济的阶段。同时舒尔茨的传统农业改造经济理论中提到只有改造传统农业，引进技术才能使农业成为经济成长的源泉，因此，本书从农业和非农业要素的角度考察了对经济发展、生活水准提高的影响。

为了把握动态分析，本书以 2004 年为基准年进行静态分析的同时，还与 2001 年、1998 年进行比较，从而试图了解对农村地区生活水准造成影响的农业生产力、社会经济生产力结构的动向。另外日本学者河村（1986）指出比较研究的方向有沿"时间轴"的不同时间点的比较研究和沿空间轴的地区间的比较研究两大类。这也就意味着上一章中沿"空间轴"进行的地区间的比较研究被"时间轴"所延长，且不是单纯的时间轴延长，而是将农村生活水准作为不变的被解释变量，试图将焦点放在农业产业与非农业产业的差距所产生的影响上。

也就是说，本书的课题 2 的目标是对农村地区生活水准主要影响因素进行时间推移分析，这是用横向分析无法静态把握到的，是从过去推移到现阶段为止的动态把握的扩展分析。

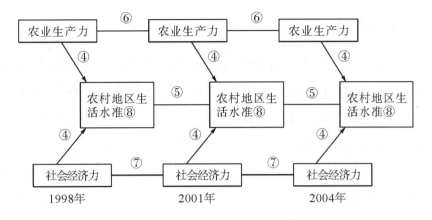

图 4-1　分析框架（三时期）

为阐明课题 2，本书根据分析框架（图 4-1）进行操作，并建立以下研究假设。

研究假设④：根据农业相关指标分析得出的农业生产力在三个时期（1998 年、2001 年、2004 年）对农村地区生活水准产生影响。另外，根据社会经济相关指标分析得出社会经济力在这三个时期也对农村地区生活水准的差距产生影响。但是，我们可以预测从农业部门与非农业部门看到的差距对农村地区生活水准产生的影响力不同。我们可以认为这是横向分析的扩展分析（图 4-1 的④）。

研究假设⑤：我们可以预测受农业生产力及社会经济力影响的农村地区生活水准的变动，并比较经过三个时期后，此变动会发生怎样的变化（图 4-1 的⑤）。

研究假设⑥：我们可以认为农业生产力本身也在三个时期发生了变动。测量经过三个时期后此变动会发生怎样的变化，并对此变动进行比较（图 4-1 的⑥）。

研究假设⑦：我们可以认为社会经济力本身也在三个时期发生了变动。测量经过 3 个时期后，此变动会发生怎样的变化，并对此变动进行比较（图 4-1 的⑦）。

三、分析方法

本书第三章主要是对农村地区生活水准的影响因素进行横向分析，本章则主要考察对农村地区生活水准产生影响的规定因素的时间推移情况。使用的分析指标依据主成分分析的结果进行选择，由两个概念组构成：一个概念组是由对农业部门的生产力有影响的重要变量构成，是与农业生产因素相关的变量；另一个概念组是由对社会经济要素产生影响的重要变量构成，与第三行政级别"县域"的社会因素相关的变量。将以上分析的变量分为两个概念组，是因为对农村地区生活水准产生的影响因素分析中的农业生产因素与社会经济因素在影响方向上有很大差距。因此，把两个因素的比较讨论作为本章分析的焦点。

也就是，使用新构建的变量，以 1998 年、2001 年、2004 年为基准年次的指标进行主成分分析，考察对农村地区生活水准产生影响的主要因素动向及其动态因素，从而分析促使其上升与下降的原因。

第二节　对农村地区生活水准产生影响的社会经济因素的时间序列推移的讨论

一、分析顺序

首先，从农业生产因素、社会经济因素、农村地区生活水准的三个方面，以 1998 年、2001 年、2004 年为基准年，在各县抽取被认为可变现县的农业生产力、社会经济力、地区生活水准的统计指标。抽取结果如表 4-1 所示，有与农业相关的 8 个指标，与社会经济相关的 9 个指标，与农村地区生活水准相关的 9 个指标，总计 26 个指标。

表 4-1　农村地区生活水准、社会经济因素、农业生产因素与指标选取

指标体系	因素	选取指标
农村地区生活水准	地区经济实力	人均地区社会生产总值（元/人）
	居民存款余额	人均居民年存款余额（元/人）
	农民收入	农民人均收入（元/人）
	医疗条件	人均拥有卫生机构床位数量（床/万人）
		人均拥有医疗技术人员数量（床/万人）
	通信	人均拥有家庭电话数量（部/万人）
	居住	农民平均住宅面积（m²）
	交通	公路普及率（km/ha）
		铁路普及率（km/ha）
社会经济因素	财政	人均财政收入（元/人）
		人均财政支出（元/人）
	产业劳动生产率	人均地区第2产业生产总值（元/人）
		人均地区第3产业生产总值（元/人）
	产业结构	城镇从业员收入/农民平均收入（倍）
		工业生产总值/农业生产总值（倍）
	非农业发展	城镇从业员收入（元）
		非农业人口比重（%）
		规模以上企业劳动生产率（元/人）
农业生产因素	农业投资	农民人均农业投资额（元/人）
	土地	农民人均拥有耕地面积（ha/万人）
		农民人均农作物耕种面积（ha/万人）
	农用机械普及率	农民人均拥有农业机械总动力（KW/人）
	生产效率	农民人均粮食生产量（kg/人）
		耕地平均粮食生产量（t/ha）
		化肥平均粮食生产量（t/ha）
	灌溉	农田有效灌溉面积比重（%）

其次，如表 4-2、表 4-3、表 4-4 所示，分别对与农业生产因素、社会经济因素相关的 17 个指标和农村地区生活水准的 9 个指标进行主成分分析，所得出的主成分轴，用主成分载荷量等说明主成分轴的特性。这一结果意味着与农业生产相关指标的第一主成分轴表示农业生产力，与社会经济相关指标的第一主成分轴表示社会经济力，并采用以上三者的第一主成分轴。

最后，以 1998 年、2001 年、2004 年三个时期构建的指标为基础，使用多元回归分析对农村地区生活水准有影响力的直接因素进行测量。

二、数据的构建

将所使用的统计数据的指标值标准化，进行主成分分析。所谓的指标值标准化是指为了用相同的基准对单位及大小不同的指标进行比较，而将所有的指标进行算术平均=0、标准偏差=1 的操作。另外，各主成分指标的各年基准年次的平均值及标准偏差、变动系数①如表 4-2、表 4-3、表 4-4 所示。

---

① 用算术平均与标准偏差相除的数值。为没有单位的数，表示相对的偏差。

表4-2 农村地区生活水准、社经经济因素、农业生产因素与基本情况（1998年）

指标体系	因素	选取指标（1998年）	平均	标准偏差	最小	最大	最大/最小	变动系数
农村地区生活水准	地区经济实力	人均地区社会生产总值（元/人）	5258.54	1989.23	2382.1	11505.7	4.83	0.38
	居民存款余额	人均居民年存款余额（元/人）	3352.71	2329.75	480.9	13001.8	27.03	0.69
	农民收入	农民人均收入（元/人）	2210.88	540.14	953.0	3026.0	3.18	0.24
	医疗条件	人均拥有卫生机构床位数量（床/万人）	33.53	23.30	4.8	130.0	27.03	0.69
		人均拥有医疗技术人员数量（床/万人）	40.88	15.72	11.5	92.3	8.02	0.38
	通信	人均拥有家庭电话数量（部/万人）	1034.79	611.45	202.3	3149.3	15.56	0.59
	居住	农民平均住宅面积（m²）	14.63	4.20	7.0	26.0	3.71	0.29
	交通	公路普及率（km/ha）	0.22	0.19	0.0	0.9	21.81	0.87
		铁路普及率（km/ha）	0.02	0.01	0.0	0.1	8.96	0.53
社会经济因素	财政	人均财政收入（元/人）	327.10	211.76	100.0	1000.9	10.01	0.34
		人均财政支出（元/人）	420.44	198.45	179.2	951.3	5.31	0.65
	产业劳动生产率	人均地区第2产业生产总值（元/人）	1780.64	1188.83	376.0	5389.4	14.33	0.47
		人均地区第3产业生产总值（元/人）	1664.97	842.78	549.9	4768.5	8.67	0.67
	产业结构	城镇从业员收入/农民平均收入（倍）	1.53	2.53	0.1	15.9	113.64	0.51
		工业生产总值/农业生产总值（倍）	5571.00	869.17	3944.0	8547.0	2.17	1.65
		城镇从业员人口（元）	0.39	0.19	0.1	0.9	10.15	0.16
	非农业发展	非农业人口比重（%）	30025.34	67988.79	4051.0	448063.0	110.61	0.48
		规模以上企业劳动生产率（元/人）	2.71	0.91	1.6	5.2	3.30	2.26

表4-2(续)

指标体系	因素	选取指标(1998年)	平均	标准偏差	最小	最大	最大/最小	变动系数
农业生产因素	农业投资	农民人均农业投资额(元/人)	20.21	14.43	1.8	58.3	33.32	0.71
	土地	农民人均拥有耕地面积(ha/万人)	3047.22	2620.33	1014.3	17796.7	17.54	0.86
		农民人均农作物耕种面积(ha/人)	0.65	0.29	0.2	1.8	8.59	0.45
	农用机械普及率	农民人均拥有农业机械总动力(KW/人)	0.22	0.14	0.0	0.8	20.73	0.62
	生产效率	农民人均粮食生产量(kg/人)	14878.79	7554.44	1373.5	30441.4	22.16	0.51
		耕地平均粮食生产量(t/ha)	8.50	9.20	7.62	63.0	8.29	1.08
		化肥平均粮食生产量(t/ha)	22.61	7.79	2.4	39.0	15.99	0.34
	灌溉	农田有效灌溉面积比重(%)	0.33	0.23	0.0	1.0	34.29	0.70

表 4-3　农村地区生活水准、社会经济因素、农业生产因素与基本情况（2001 年）

指标体系	因素	选取指标（2001年）	平均	标准偏差	最小	最大	最大/最小	变动系数
农村地区生活水准	地区经济实力	人均地区社会生产总值（元/人）	6322.9	2524.9	2714.9	13119.4	4.8	0.40
	居民存款余额	人均居民年存款余额（元/人）	3963.9	2541.2	156.8	13426.0	85.6	0.64
	农民收入	农民人均收入（元/人）	2115.0	792.4	693.0	4000.0	5.8	0.37
	医疗条件	人均拥有卫生机构床位数量（床/万人）	28.2	14.9	9.3	80.7	8.6	0.53
		人均拥有医疗技术人员数量（床/万人）	40.1	14.5	18.7	86.5	4.6	0.36
	通信	人均拥有家庭电话数量（部/万人）	1472.2	766.5	524.2	4482.5	8.6	0.52
	居住	农民平均住宅面积（m²）	16.4	3.7	7.0	23.0	3.3	0.23
	交通	公路普及率（km/ha）	0.2	0.2	0.0	0.9	97.2	0.74
		铁路普及率（km/ha）	0.0	0.1	0.0	0.2	30.6	1.55
社会经济因素	财政	人均财政收入（元/人）	370.0	319.9	79.3	2090.8	26.4	0.53
		人均财政支出（元/人）	536.8	216.2	213.9	1083.0	5.1	0.86
	产业劳动生产率	人均地区第2产业生产总值（元/人）	2184.6	1349.2	352.4	5993.1	17.0	0.40
		人均地区第3产业生产总值（元/人）	2154.5	1079.3	871.3	5514.5	6.3	0.62
	产业结构	城镇从业员收入/农民平均收入（倍）	1.8	2.8	0.1	17.5	124.6	0.50
		工业生产总值/农业生产总值（倍）	6575.3	998.8	4670.0	10838.0	2.3	1.58
	非农业发展	城镇从业员收入（元）	0.4	0.2	0.1	0.9	8.6	0.15
		非农业人口比重（%）	32790.8	33185.3	10117.0	219676.0	21.7	0.48
		规模以上企业劳动生产率（元/人）	3.7	2.0	1.7	9.9	6.0	1.01

表4-3（续）

指标体系	因素	选取指标（2001年）	平均	标准偏差	最小	最大	最大/最小	变动系数
农业生产因素	农业投资	农民人均农业投资额（元/人）	19.1	13.7	4.1	66.2	16.0	0.72
	土地	农民人均拥有耕地面积（ha/万人）	2566.6	1096.6	2566.6	1096.6	0.4	0.43
		农民人均农作物耕种面积（ha/人）	0.8	0.4	0.3	2.2	6.5	0.51
	农用机械普及率	农民人均拥有农业机械总动力（KW/人）	0.3	0.1	0.1	0.6	5.6	0.42
	生产效率	农民人均粮食生产量（kg/人）	12143.4	6884.7	3828.9	30232.6	7.89	0.57
		耕地平均粮食生产量（t/ha）	4.7	2.0	0.3	8.8	28.8	0.43
		化肥平均粮食生产量（t/ha）	7.8	2.9	0.5	15.1	30.8	0.38
	灌溉	农田有效灌溉面积比重（%）	0.3	0.2	0.0	0.8	28.3	0.56

表 4-4 农村地区生活水准、社会经济因素、农业生产因素与基本情况（2004 年）

指标体系	因素	选取指标（2004年）	平均	标准偏差	最小	最大	最大/最小	变动系数
农村地区生活水准	地区经济实力	人均地区社会生产总值（元/人）	9059.83	3153.57	5077.00	17093.00	3.37	0.35
	居民存款余额	人均居民年存款余额（元/人）	5886.14	4313.19	1667.80	25798.60	15.47	0.73
	农民收入	农民人均收入（元/人）	2818.32	592.22	1611.00	3820.00	2.37	0.21
	医疗条件	人均拥有卫生机构床位数量（床/万人）	26.52	14.09	8.00	76.40	9.55	0.53
		人均拥有医疗技术人员数量（床/万人）	37.94	14.50	12.57	80.78	6.43	0.38
	通信	人均拥有家庭电话数量（部/万人）	5710.58	3297.90	596.00	18658.90	31.31	0.58
	居住	农民平均住宅面积（m²）	20.21	2.98	14.00	28.00	2.00	0.15
	交通	公路普及率（km/ha）	0.30	0.17	0.12	0.88	7.62	0.56
		铁路普及率（km/ha）	0.02	0.01	0.01	0.07	7.00	0.57
社会经济因素	财政	人均财政收入（元/人）	443.09	293.28	93.40	1565.02	16.76	0.29
		人均财政支出（元/人）	1041.53	419.44	509.32	2532.26	4.97	0.66
	产业劳动生产率	人均地区第2产业生产总值（元/人）	3291.67	1901.94	795.88	7280.41	9.15	0.40
		人均地区第3产业生产总值（元/人）	3320.33	1490.36	1306.01	7506.54	5.75	0.58
	产业结构	城镇从业人员/农民平均收入（倍）	2.15	3.51	0.26	20.55	80.37	0.45
		工业生产总值/农业生产总值（元）	8719.71	1451.50	6142.00	14533.00	2.37	1.63
	非农业发展	城镇从业人口比重（%）	0.39	0.19	0.11	0.89	8.40	0.17
		非农业人口比重（%）	45017.46	24295.82	18117.00	147143.00	8.12	0.48
		规模以上企业劳动生产率（元/人）	3.26	0.94	1.84	5.91	3.22	0.54

指标体系	因素	选取指标（2004年）	平均	标准偏差	最小	最大	最大／最小	变动系数
农业生产因素	农业投资	农民人均农业投资额（元/人）	109.03	69.88	29.81	345.49	11.59	0.64
	土地	农民人均拥有耕地面积（ha/万人）	2747.31	1312.32	778.95	6325.88	8.12	0.48
		农民人均农作物耕种面积（ha/人）	0.33	0.18	0.07	0.82	10.95	0.55
	农用机械普及率	农民人均拥有农业机械总动力（KW/人）	0.24	0.10	0.06	0.46	7.18	0.42
		农民人均粮食生产量（kg/ha）	14304.58	8028.89	2929.40	33123.32	11.31	0.56
	生产效率	耕地平均粮食生产量（t/ha）	6.08	2.46	1.36	12.47	9.16	0.40
		化肥平均粮食生产量（t/ha）	8.13	3.04	2.33	14.92	6.41	0.37
	灌溉	农田有效灌溉面积比重（%）	0.35	0.20	0.04	0.84	22.91	0.58

根据表4-2、表4-3、表4-4的基本统计量分析得出的吉林省"农村地区生活水准""社会经济因素""农业生产因素"指标的基本地区特性如下所示。

（1）首先，"人均拥有卫生机构床位数量""人均居民年存款余额""人均拥有家庭电话数量""公路普及率"等通信、医疗、居民收入水准的相关指标的最大值与最小值间存在10倍差距，尤其是人均居民年存款余额的差距达到27.03倍。也就是说，包含地区间的医疗、基础设施维护在内，微观角度的家庭收支情况方面也存在很大的差距，且由于数据单位不同，测量的变量间不能进行比较。为克服此项不足，我们试着从变动系数角度进行分析。从变动系数来看，人均居民年存款余额的差距为0.69。据此可以看到，差距较大的是"公路普及率"，变动系数显示为0.87，为非常高的数值。

其次，从社会经济因素指标来看，"工业生产总值/农业生产总值"的最大值与最小值的地区间的差额达100倍，并且城镇从业者收入/农民平均收入差距的算术平均也显示为1.53倍，我们可以看到工业与农业间的地区贡献度的差值很大。从这一事实我们可以看到，地区间的工业与农业间的产业结构也有很大差距。另外，规模以上的企业劳动生产力及地区间的生产力也存在100倍的差距。并且从变动系数来看，"规模以上企业劳动生产率"变动系数的最大数值为2.26。也就是说，从社会经济指标来看，我们也可以把地区间差距理解为产业结构及企业劳动生产率所带来的差距。

最后，我们可以看到与"农业生产因素"相关的指标，其最大值与最小值间存在数十倍的差距。仔细观察发现，"农民人均拥有农业机械总动力""农民人均农作物耕种面积""农民人均粮食生产量""农田有效灌溉面积比重"等变量，因地区的不同而存在数十倍的差距，尤其是反映农村地区水利投资的指标"农田有效灌溉面积比重"的差距很大。从以上情况我们可以看到，地区间农业相关基础设施的普及水准及土地投入存在很大差距。

（2）首先，从 2001 年的"农村地区生活水准"的相关指标来看，见表 4-3，"人均拥有卫生机构床位数量""人均居民年存款余额""人均拥有家庭电话数量""公路普及率"等通讯、医疗、居民收入水准相关的指标与 1998 年相同，其最大值与最小值之间依然存在 10 倍的差距。但是从变动系数来看，产生差距的主要原因已从 1998 年的"公路普及率"转变为"铁路普及率"，且变动系数显示为 1.55 这样很高的数值。但是，"公路普及率"的变动系数已经从 0.87 下降至 0.74。这一点我们可以理解为政府关于社会资本普及的投资政策在缩小地区间差距方面发挥了效果。

其次，从社会经济因素指标来看，"人均财政收入""人均地区第二产业生产总值""工业生产总值/农业生产总值""规模以上企业劳动生产率"的最大值与最小值的差距因地区的不同，存在数十倍到百倍的差距。这一事实表明地区间的工业与农业间的产业结构有很大差距。但是，与 1998 年相比，变动系数最大的指标为"工业生产总值/农业生产总值"，其数值为 1.58，我们可以看到地区间的差距有缩小的倾向。另外，1998 年变动最大的指标是"规模以上企业劳动生产率"，其数值为 2.26。到 2001 年，虽然地区间差距依然很大，但变动系数已经减小了 1.01，差距大幅度缩小。也就是说，经过 3 年，从社会经济指标来看，虽然地区间的产业结构与企业生产力的差距依然很大，但已呈现缩小的倾向。

最后，从农业生产因素指标来看，"化肥平均粮食生产量""农田有效灌溉面积比重""耕地平均粮食生产量""农民人均农业投资额"等指标因地区的不同，存在数十倍的差距。尤其是"化肥平均粮食生产量"的地区间差距最大，达到 31 倍。但从变动系数来看，"农民人均农业投资额"所显示的差距最大，其数值为 0.72。也就是说，化学肥料投入既与农民经营的技术投入意愿有关，也与农民的经济支付能力有关。从农业支出上可以看到地方政府尤其是县及县级以下的行政单位对于农业的重视程度。

（3）首先，从 2004 年"农村地区生活水准"相关的指标来看，"人均居民年存款余额""人均拥有家庭电话数量"等通信信息、居民收入水准的相关指标，依然如 2001 年数据指标显示，最大值与最小值的差距在 10 倍以上。但是，从变动系数来看，差距最明显的部分已经从 1998 年的"铁路普及率"转变为"人均居民年存款余额"。变动系数高达 0.73。但是，"铁路普及率"的变动系数从 1.55 减少为 0.57，这一点我们可以理解为政府进行的铁路普及等的社会资本投资的经济效果使地区之间的差距缩小。

其次，从社会经济因素指标来看，"人均财政收入""工业生产总值/农业生产总值"的最大值与最小值的差距因地区的不同而有数十倍的差距。这一事实表明地区间的工业与农业间的产业结构有很大差距。但是，与 2001 年相比，变动系数最大的变量指标依然是"工业生产总值/农业生产总值"，其数值为 1.63，我们可以看到地区间的差距有扩大倾向。另外 1998 年变动最激烈的"规模以上企业劳动生产率"，其数值为 1.63，地区间差距很大。我们可以发现，社会经济指标中的地区间的企业生产力很大，并经过 3 年有继续扩大的倾向。

最后，从农业生产因素来看，"农民人均农业投资额""农民人均拥有农业机械总动力""农民人均粮食生产量""农田有效灌溉面积比重"因地区的不同存在数十倍的差距。尤其是"农田有效灌溉面积比重"的地区间差距最大，达到 22 倍。另外，从变动系数来看，"农田有效灌溉面积比重"所表示的差距最大，其数值达到 0.58。也就是说，农田有效灌溉面积比重的多少与农业生产效率密切相关。根据农田有效灌溉面积比重的差距，可以预测其对农业生产效率差距的影响。

三、依据主成分分析进行的指标合成

下面我们将以 2004 年为基准年次进行主成分分析，其结果与以 1998 年、2001 年为基准年次进行的主成分分析结果进行对比分析。

表 4-5、表 4-6、表 4-7 分别为以 1998 年、2001 年及 2004 年为基准年进行的主成分分析结果，根据"农村地区生活水准关系"分析得出的第一主成分表示"农村地区生活水准"，根据"社会经济因素指标"分析得出的主成分表示"社会经济力"，根据"农业生产因素指标"分析得出的第一主成分表示"农业生产力"。

表 4-5　农村地区生活水准因子得分矩阵对比（1998 年、2001 年、2004 年）

	农村地区生活水准	因子得分矩阵		
		1998 年	2001 年	2004 年
●VARO1	人均地区社会生产总值	0.546	0.655	0.564
●VAR02	人均居民年存款余额	0.932	0.917	0.905
●VAR03	农民人均收入	0.899	0.895	0.834
●VAR04	人均拥有卫生机构床位数量	0.932	0.852	0.848
●VAR05	人均拥有医疗技术人员数量	0.775	0.830	0.826
VAR06	人均拥有家庭电话数量	0.195	0.259	0.344
VAR07	农民平均住宅面积	−0.429	−0.525	0.149
VAR08	公路普及率	−0.283	−0.168	−0.213
VAR09	铁路普及率	−0.047	0.446	0.148
	特征值	3.719	4.054	3.440
	方差贡献率	41.320	45.050	58.270

（注）●表示因子载荷量 ≧ 0.5

首先，从生活水准指标来看，人均地区社会生产总值、人均居民年存款余额、人均拥有医疗技术人员数量、人均拥有家庭电话数量在三个时期均与生活水准主成分密切相关，表示其相关系数的主成分载荷量显示为 0.5 以上的数值。并且，农民住宅面积、公路普及率、铁路普及率等的相关系数很低，几乎都显示为负的主成分载荷量。

其次，从社会经济因素来看，人均财政收入、人均财政支出、人均地区第二产业生产总值、人均地区第三产业生产总值、工业生产总值与农业生产总值的比率、城镇从业员收入、非农业人口比重在三个时期均与社会经济力密切相关，其主成分载荷量均显示为 0.5 以上的高相关性。但是，城镇从业员收入与农民平均收入的比率与"社会经济因素指标"在 3 个时期均显示为相关性很弱的数值。

最后，从"农业生产因素指标"来看，农业人均拥有耕地面积、农民人均拥有农业机械总动力、农民人均农作物耕种面积、农民人均粮食生产量 4 个变量显示与农业生产力有密切相关性，主成分载荷量显示为 0.5 以上的数值。但是，农民人均农业投资额在 3 个时期均显示为负的主成分载荷量，表明相关系数为较弱数值。

从表 4-5 中可知因子的方差贡献率在三个时期分别为 41.32%、45.05%、38.27%，第一主成分主要反映了农村地区生活水准的高低。

表 4-6　社会经济因素因子得分矩阵对比（1998 年、2001 年、2004 年）

	社会经济因素	因子得分矩阵		
		1998 年	2001 年	2004 年
●VAR10	人均财政收入	0.844	0.893	0.850
●VAR11	人均财政支出	0.796	0.701	0.671
●VAR12	人均地区第 2 产业生产总值	0.825	0.788	0.757
●VAR13	人均地区第 3 产业生产总值	0.793	0.760	0.616
●VAR14	城镇从业员收入/农民平均收入	0.849	0.906	0.870
●VAR15	工业生产总值/农业生产总值	0.798	0.872	0.860
●VAR16	城镇从业员收入	0.737	0.808	0.808
VAR17	非农业人口比重	0.336	0.274	0.536
VAR18	规模以上企业劳动生产率	0.230	0.098	0.355
	特征值	4.724	4.808	4.638
	方差贡献率	52.490	53.430	52.090

（注）●表示因子载荷量 ≧ 0.5

从表 4-6 中可知因子的方差贡献率在三个时期分别为 52.49%、53.43%、52.09%，第一主成分主要反映了社会经济力方面的信息。

表 4-7 农业生产因素因子得分矩阵对比（1998 年、2001 年、2004 年）

	农业生产因素	因子得分矩阵		
		1998 年	2001 年	2004 年
VAR19	农民人均农业投资额	-0.194	-0.286	-0.405
●VAR20	农民人均拥有耕地面积	0.915	0.963	0.865
●VAR21	农民人均农作物耕种面积	0.659	0.717	0.899
●VAR22	农民人均拥有农业机械总动力	0.748	0.957	0.864
●VAR23	农民人均粮食生产量	0.744	0.651	0.850
VAR24	耕地平均粮食生产量	0.104	0.101	0.414
VAR25	化肥平均粮食生产量	-0.070	0.194	0.541
VAR26	农田有效灌溉面积比重	0.498	0.622	0.348
	特征值	2.661	3.296	3.775
	方差贡献率	33.26	41.2	47.19

（注）●表示因子载荷量 ≧ 0.5

从表 4-7 中可知因子的方差贡献率在三个时期分别为 33.26%、41.2%、47.19%，第一主成分主要反映了农业生产力方面的信息。

表 4-8、表 4-9、表 4-10 显示农村地区生活水准各指标的贡献率。各指标的贡献率是利用主成分载荷量所具有的特性，用主成分载荷量乘于它的平方，并与主成分的固有值相除所得的数值。据此，易读取其变量对于主成分的贡献度。

表 4-8 农村地区生活水准各指标的贡献率

	农村地区生活水准	农村地区生活水准贡献率（单位%）				
		1998（A）	2001（B）	2004（C）	增减（B-A）	增减（C-B）
●VAR01	人均地区社会生产总值（元/人）	8.00	10.58	9.26	2.58	-1.32
●VAR02	人均居民年存款余额（元/人）	23.35	20.72	23.79	-2.63	3.07
VAR03	农民人均收入（元/人）	1.24	1.66	3.44	0.41	1.78
●VAR04	人均拥有卫生机构床位数量（床/万人）	23.35	17.90	20.90	-5.45	3.01
●VAR05	人均拥有医疗技术人员数量（床/万人）	16.14	17.01	19.81	0.86	2.81
●VAR06	人均拥有家庭电话数量（部/万人）	21.75	19.75	20.19	-2.00	0.45
VAR07	农民平均住宅面积（m²）	4.95	6.79	0.64	1.84	-6.15
VAR08	公路普及率（km/ha）	2.15	0.70	1.31	-1.45	0.62

表4-8(续)

农村地区生活水准		农村地区生活水准贡献率（单位%）				
		1998 （A）	2001 （B）	2004 （C）	增减 （B-A）	增减 （C-B）
VAR09	铁路普及率（km/ha）	0.06	4.90	0.64	4.84	-4.27
	特征值	3.719	4.054	3.440		
	贡献率	41.32	45.05	38.27		

（注）●表示因子载荷量≧0.5

表4-9　社会经济因素各水准指标的贡献率

社会经济因素		社会经济力贡献率（单位%）				
		1998 （A）	2001 （B）	2004 （C）	增减 （B-A）	增减 （C-B）
●VAR10	人均财政收入（元/人）	15.09	16.60	15.43	1.51	-4.28
●VAR11	人均财政支出（元/人）	13.42	10.23	9.61	-3.20	-3.01
●VAR12	人均地区第2产业生产总值（元/人）	14.41	12.92	12.21	-1.50	-3.14
●VAR13	人均地区第3产业生产总值（元/人）	13.32	12.01	8.09	-1.31	-14.40
●VAR14	城镇从业员收入/农民平均收入（倍）	15.27	17.09	16.14	1.82	-3.65
●VAR15	工业生产总值/农业生产总值（倍）	13.49	15.82	15.78	2.33	-1.20
●VAR16	城镇从业员收入（元）	11.49	13.59	13.92	2.10	-0.40
VAR17	非农业人口比重（%）	2.39	1.56	6.13	-0.82	26.19
VAR18	规模以上企业劳动生产率（元/人）	1.12	0.20	2.69	-0.92	25.70
	特征值	4.724	4.808	4.688		
	贡献率	52.490	53.430	52.090		

（注）●表示因子载荷量≧0.5

表4-10　农业生产因素各指标的贡献率

农业生产因素		农业生产力贡献率（单位%）				
		1998 （A）	2001 （B）	2004 （C）	增减 （B-A）	增减 （C-B）
VAR19	农民人均农业投资额（元/人）	1.41	2.49	4.34	1.07	1.85
●VAR20	农民人均拥有耕地面积（ha/万人）	31.48	28.12	19.81	-3.35	-8.31
●VAR21	农民人均农作物耕种面积（ha/人）	15.36	15.58	21.42	0.22	5.85
●VAR22	农民人均拥有农业机械总动力（KW/人）	21.05	27.78	19.78	6.73	-8.00
●VAR23	农民人均粮食生产量（kg/人）	20.81	12.86	19.16	-7.95	6.30
VAR24	耕地平均粮食生产量（t/ha）	0.40	0.31	4.55	-0.09	4.24
VAR25	化肥平均粮食生产量（t/ha）	0.18	1.14	7.74	0.96	6.60
VAR26	农田有效灌溉面积比重（%）	9.31	11.72	3.20	2.41	-8.52
	特征值	2.661	3.296	3.775		
	贡献率	33.26	41.20	47.19		

（注）●表示因子载荷量≧0.5

如表4-8所示，人均地区社会生产总值、人均居民年存款余额、人均拥有医疗技术人员数量、人均拥有家庭电话数量向第一主成分的"农村地区生活水准"提供10%以上的贡献率。也就是说，对于"农村地区生活水准"而言，以上变量在3个时期中是最重要的变量。并且从贡献率的增减来看，其有逐渐增加的倾向。可以说贡献率对于农村地区生活水准而言，将会发挥越来越重要的作用。

如表4-9所示，"社会经济因素指标"中的人均财政收入、人均地区第二产业生产总值、人均地区第三产业生产总值、工业生产总值/农业生产总值、城镇从业员收入、非农业人口比重这6个变量对第一主成分"社会经济力"提供10%以上的贡献率。也就是说，这6个变量在3个时期是最重要的变量。但是，从贡献率的增减来看，其有不断减少的倾向，尤其是代表第三产业生产力的人均地区第三产业生产总值这一变量比前期减少了14.4%。

如表4-10所示，农民人均拥有耕地面积、农民人均拥有农业机械总动力、农民人均农作物耕种面积、农民人均粮食生产量这4个变量向"农业生产力"提供10%以上的贡献率。也就是说，这4个变量在3个时期是最重要的变量。但是，从贡献率的增减来看，农民人均农作物耕种面积与前期的2001年相比，减少8%。从这一点我们可以知道受地区的布局条件限制较大的农业特点是农地面积的大幅度减少对农业生产力产生了影响。

第三节　各时期对农村地区生活水准产生影响的主要原因

在此，我们根据新构建的指标，针对"农村地区生活水准"，考察"农业生产力"及"社会经济力"发生怎样的影响及其各个时期的影响程度发生怎样的推移。在横向分析中，我们弄清了对农村地区生活水准造成影响的主要因素，在此，我们来考察一下影响因素的时间推移情况。因此，我们进行了对因变量"农村地区生活水准"的回归分析。运用了强制投入方法的多元回归分析，我们考察了"农业生产力""社会经济力"对农村地区生活水准的影响。根据主成分进行线性回归分析，结果如表4-11所示。

为此，我们进行了关于因变量"农村地区生活水准"的回归分析。通过强制投入方法方式的重要回归分析，我们弄清了"农业生产力""社会经济力"对农村生活水准产生了怎样的影响。依据此方式，表4-12显示了3个时期分别进行的回归分析的分析结果，可以看出农村地区生活水准不高，且如前节分析所示，农业生产力的主成分载荷量不高，因此我们不能根据多元回归分析判定其对农村地区生活水准一定有5%的影响。但是，如果将统计标准减缓到10%，则有出现有意外的可能性。尤其是市场经济还未发达的中国内陆地区的农村地区，其生活水准的影响因素还不能脱离农业的影响来考虑。

表4-11　农村地区生活水准的回归分析

年	指标	农村生活水准	社会经济力	农业生产力
1998年	农村地区生活水准	1		
	社会经济力	949**	1	
	农业生产力	-.454**	-.450**	1
2001年	农村地区生活水准	1		
	社会经济力	919**	1	
	农业生产力	-.466**	-.391*	1
2004年	农村地区生活水准	1		
	社会经济力	891**	1	
	农业生产力	-.608**	-.561**	1

表 4-12 农村地区生活水准影响要素分析（三时期比较）

自变量	时期	标准化系数	t 值	检验概率	模型	R2	R2 变化量	变化的统计量		
								F 变化量	自由度	F 检验概率
	（常数）		6.467	0.000						
X_{a1998}	社会经济力 1998	0.934	16.453	0.000	1.000	0.902	0.902	175.350	38.000	0.000
X_{b1998}	农业生产力 1998	-0.330	-0.589	0.559						
	（常数）		3.854	0.000						
X_{a2001}	社会经济力 2001	0.869	13.089	0.000	1.000	0.858	0.858	114.740	38.000	0.000
X_{b2001}	农业生产力 2001	-0.127	-1.910	0.064						
	（常数）		0.000	0.000						
X_{a2004}	社会经济力 2004	0.802	9.398	0.000	1.000	0.810	0.810	81.240	38.000	0.000
X_{b2004}	农业生产力 2004	-0.159	-1.862	0.070						

根据农村地区生活水准的相关分析结果，我们可以清楚地看到社会经济力对农村地区生活水准产生直接影响的主要原因在 3 个时期均具有统计上的意义。并且，可以说社会经济力越大，农村地区生活水准越高。换言之，这意味着农村地区生活水准：①人均财政收入高；②人均财政支出高；③人均地区第二产业生产额高；④人均地区第三产业生产额较高；⑤工业生产总值/农业生产总值的差距大；⑥城镇从业者收入高；⑦与非农业人口比率高的县相比较高，农村地区生活水准就越高。

（1）第 I 期（1998 年）的地区因素分析

回归模型（1998 年）：

$$\hat{y}_{98} = .934x_{a98} - .033x_{b98} \qquad （回归方程式 1）$$

$$(t_{a98} = 16.453) \qquad (t_{b98} = -.589)$$

$$R^2 = .902$$

这一回归方程式对第 I 期（1998 年）的农村地区生活水准的解释力为 90.2%（ $R^2 = .902$ ），在 1998 年的回归模型中，只将最重要变量社会经济力作为解释变量的回归分析。也就是说，这表明通过社会经济力可以解释农村地区生活水准的变动的 90.2%。另外，β 系数显示为 .934 这样很高的数值。这意味着"社会经济力"的 1 单位的变化对农业生活水准有 .934 单位的影响。但是，农业生产力直接对收入水平造成的影响程度在统计上没有意义。

但是，与农村地区生活水准（ $r_{b98} = -.454$ ）的相关系数，其影响并非直接影响而是间接性影响，是通过社会经济力产生影响。其路径是「 $x_{b98} \rightarrow x_{a98} \rightarrow$ 农村地区生活水准」，根据路径，$r_{b98a98} \cdot \beta_{a98}$ （-0.423），也就是农业生产力与社会经济力的相关系数为（-.450），社会经济力对农村地区生活水准有 .934 的影响。我们将以上系数相乘，可以很容易地计算出农业生产活力对于农村地区生活水准的间接影响为-0.423。

（2）第Ⅱ期（2001 年）的地区因素分析

回归模型（2001 年）：

$$\hat{y}_{01} = .859x_{a01} - .127x_{b01} \qquad （回归方程式 2）$$

$$（t_{a01} = 13.089） \qquad （t_{b01} = -1.91）$$

$$R^2 = .858$$

说明第Ⅱ期（2001 年）的农村地区生活水准的贡献率为 85.8%（R^2 = .858），这与第Ⅰ期的解释力 90.2% 相比下降 4.4%。在 2001 年的多元回归模型中，仅社会经济力存在 5% 的有意义水平。此时的 β 系数显示为 .869 这样的很高的数值。这意味着"社会经济力"的 1 单位的变化对农村地区生活造成 0.869 单位的影响。但是，从农业生产力在"检验概率 5%"这样的水平来看不能认可其对农村地区生活水准有直接影响。但是，若设定"检验概率水平 10%"，P 值 = .064<0.1，则通过检验。也就是说农业生产力为 β = -.127 时，有反向影响。

（3）第Ⅲ期（2004 年）的地区因素分析

回归模型（2004 年）：

$$\hat{y}_{04} = .802x_{a04} - .159x_{b04} \qquad （回归方程式 3）$$

$$（t_{a04} = 9.398） \qquad （t_{b04} = -1.862）$$

$$R^2 = .810$$

在第Ⅲ期（2004 年）中，农村地区生活水准的全分散为 81%（R^2 = .810），这与第Ⅱ期的分散解释力 85.8% 相比下降 4.8%。在 2004 年的多元回归模型中，使用社会经济力进行回归分析时，决定系数（R^2）为 .810。也就是说仅社会经济力对农村地区生活水准的变动的影响就达 81%。此时的 β 系数显示为 .802 这样很高的数值。这意味着"社会经济力"的 1 单位的变化对于农业生活水准有 0.802 单位的正面影响。但是，从农业生产力在"检验概率 5%"这样的水平来看，不能认可其对农村地区生活水准有直接影响。但是，如设定检验概率 10%，P 值 = .070<0.1，可以通过

显著性检验，则农业生产力 $\beta = -.159$，有反向影响。这意味着"农业生产力"的 1 单位的变化使农业生活水准下降 0.159 单位。

从三个时期的各个回归分析结果中我们可以看到社会经济力对农村地区生活水准产生可统计的、有意义的直接影响。说明社会经济力对各个时期的收入水准的贡献率达到约 80% 以上。并且，我们可以看到社会经济力对于农村地区生活水准的影响力的程度在各个时期没有差距，呈现出影响力很大的倾向。

另外，农业生产力对于农村地区生活水准的直接影响在 5% 的有意水准下，不存在统计上的有意性。另外，从相关系数来看，3 个时期均有意义。从这里我们可以看到农业生产力对农村地区生活水准产生间接影响力。并且，从 β 我们可以看到，社会经济力在 3 个时期都显示正的高值，农业生产力在 3 个时期均显示负的相关关系。

依据以上分析结果，我们可以就对各时期的农业生产力及社会经济力的农村地区生活水准产生影响的影响力程度及该影响力在不同时期的推移结果作出总结。

第四节　总结

首先，农业生产力及社会经济力对农村地区生活水准的解释力的程度及影响力的差距很大。仅从作为分析对象时期的 1998 年到 2004 年的 9 年间的 3 个时期来看，我们可以发现农业生产力及社会经济因素的外部环境的变化呈不稳定倾向。换而言之，在全省的经济发展过程 1998、2001 年、2004 年中，资本投资、财政状况、工农业间差距等微观角度下的开发政策的方向性在保持一贯性的同时，进行了社会经济力的地区间不平等投资。尤其是代表社会经济力的非农业的发展很大程度上依赖于省政府的投资政策、财政政策等宏观角度的产业结构调整机能。这意味着对农村地区生活水准产生影响的农业部门因素更稳定，全省整体的经济发展过程的农业产业结构没有发生很大的变化。我们可以理解为在 3 个时期农业产业的影响力较弱的原因。

其次，社会经济力在作为说明农村地区生活水准的最重要自变量的同时，其影响力的程度一直超过农业生产力的影响力程度。这一点表明农村地区生活水准最高的地区均为对资本投资及财政投融资等非农业的依赖度高的地区。而农业生产力与社会经济力的影响力呈积极变化的倾向。农业生产力在第 I 期（1998 年）没有被认定对农村地区生活水准存在统计上的有意义性，到第 II 期（2001 年），其有意义性被认可，且影响力加强。从这一点我们可以发现地方政府已经意识到社会经济力的差距会对农村地区生活水准有很大影响，开始重视照顾后进地区的政策，即均衡发展政策。从另一侧面来看，社会经济力发展对于农业产业的冲击力在逐渐加强，工农业间的差距在扩大，工农业间的产业结构转换的效果使农村地区生活水准有所提高。

最后，三个时期中农业生产力、社会经济力对于农村地区生活水准的影响程度不同，但农业生产力、社会经济力一直有助于全省整体的农村地区生活水准的提高。本章没有分析本省内部结构，比如，什么样的地区为相对发达地区，什么样的地区为相对落后的地区。因此，要根据发达地区和落后地区的特性、产业结构、农村地区生活水准的影响因素提出因地制宜的政策。因此，在下一章节中将讨论地区的类型变化，分析出地区特征。

第五章　依据对农村地区生活水准产生影响的原因进行地区类型化分类

第一节　问题意识与研究课题

一、问题意识

中国部分农村地区依然要直面不合理的产业结构、不利的布局条件、地区人才的不足、劳动力过剩、因经济政策倾斜造成救济措施不充分等一系列问题，这些地区也可以被定义为经济条件不利的地区（金，2008）。中国在改革开放以后，根据邓小平的"先富共富论"这一优先发展路线，发展重心从农业产业向重工业产业转移，并给予农村、农民一部分自由决定权，以推动向市场经济发展的转变。其结果是一部分农村地区成为"先富地区"，这些地区作为"模式"备受瞩目。这里所说的"模式"是指该地区固有的发展过程，也可将其理解为"模范""样式"。因此，农村的"先富地区"模式，是将各地区的农村进行的有特色的现代化过程及方式进行分类，即"农村地区发展模式"。

20 世纪 90 年代在多个地区出现农村的"先富地区"，这些地区以各自独特的发展"模式"被人们熟知。以下我列举三个有代表性的农村经济发展模式：①温州模式；②苏南模式；③珠江模式。温州模式是以民间企业为主导的"乡镇企业"发展模式；苏南模式是以乡镇政府扶持的"乡镇企业"为中心，实现农村地区经济发展的发展模式；与此相对，"珠江模式"是依靠外资投入实现经济发展的发展模式，以上三种发展模式有很大差距。

改革开放以后，吉林省农村地区以地方政府及民间企业为主导进行经济发展，农村地区的生活水准有了大幅度提高。其内部也存在着多个先进地区及潜力很大的地区。因此，分析先进地区与后进地区间差距产生的原因非常重要。另外，分析不同类型的地区特性也为制定政策提供重要参考。因此，笔者想带着以上这些问题来讨论以下课题。

二、本章的研究课题

在第四章，我们分析了农村地区生活水准的直接影响因素与间接影响因素，它们都是制定区域协调发展战略的重要依据。但是，吉林省农村地区存在多种多样的地区特性。无视这些地区特性，试图采取均一的政策以实现农村地区生活水准的平等化是不恰当的，且是没有实效性的。因此，需要在因地制宜的原则下，综合考虑地方特性，制定合理的政策。把握各个时期的因素变化下，各个地区类型的农村地区生活水准发生怎样的变化非常重要。因此，本章使用各个时期对于农村地区生活水准产生影响的地区因素，对地区进行类型化。我们以弄清以下课题为目的，本章的课题为本研究的课题 3。

课题 3：立足于农村地区生活水准的影响因素进行时间序列推移的讨论，以农业生产因素与社会经济因素为基础进行地区类型化，来弄清各地区类型的地区特性和各时期地区类型的推移模式。

为弄清课题 3，检验假说是否成立，特建立以下研究假设 8，具体内容如下：农村地区生活水准在三个时期受农业生产力及社会经济力的影响的变动，分为几个不同地区特性的类型地区。根据该地区的特性发生变化，归纳为几个推移模式。这里的推移模式是弄清农村地区生活水准的地区特性，制定保持社会平衡发展政策的第一步（如图 5-1 的⑧）。

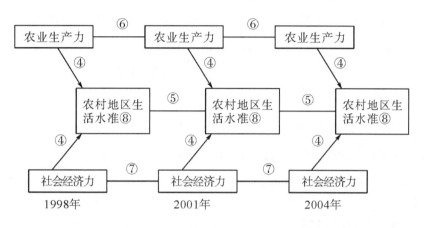

图 5-1　分析框架（3 时期）

三、地区类型化的聚类分析

聚类分析作为地区类型的重要方法被广泛使用。截至目前，在地区分析上进行的研究大多是使用广泛的统计指标，归纳地区的综合地区特性等来分析全国市镇村。

桥诘（2003）就全国的农村地区，使用与地区定居相关的 11 个指标、与经济活动相关的 11 个指标、与农业生产相关的 12 个指标、与林业生产相关的 9 个指标进行主成分分析，将 8 个第一主成分偏差值化，作为详细活力计算，并根据合计得分的偏差值化，计算定居适合度、经济适合度、农业适合度、林业适合度这 4 个基本因子，并计算农业适合度与林业适合度 2 个集约活力，最后作为综合活力计算地区适合度。

平松（1998）利用静冈县（相当于中国的省级）的市町村（相当于中

国的县级）的农业生产结构的 13 个指标及人口结构、土地利用、产业结构等经济关联的 10 个指标进行了主成分的降维处理，得出经济依存度、工业依存度等 3 个主成分，运用 3 个主成分的分值把县内的市町村划分成 8 个类型。并且，分析了各个类型的特点及 5 年间推移的动向。

农林渔业金融金库研究机构（1992）利用农业产业结构、土地利用状况、农业劳动力、农业生产力等代表农业关系的 8 个指标，地区活力、社会发展活力、自然条件等社会关系方面的 9 个指标进行了主成分分析，得出农业依存度、经济依存度 2 个主成分，对市町村进行了类型化，并指出类型化的目的不仅在于把握现状，更在于对将来的发展方向的预测。

如以上先行研究所示，为把握地区特性，使用主成分得分进行聚类分析。并进行年次间比较及地区间比较，把握地区特性的动向。以上先行研究为本书提供了技术性参考。

四、本章的分析方法

本章采用聚类分析方法进行地区分析。所谓的"聚类"是指类似的对象的集合，所谓的"聚类分析"是指"类似的对象的集合"的分析。试图依据标准的类似性结构，正确地表示类似性判断。当事先不了解类型特性及所属类型的个体数量时，使用此方法（竹内，1989）是地区类型化的有效方法。因此，本章以聚类分析为中心进行分析，目的是使用根据全省的主成分析出的新指标农业生产力及社会经济力的 41 个县的主成分得分，进行 3 个时期的聚类分析，并分别对地区类型化处理。另外，在聚类分析中，两个样本之间的欧氏距离平方是各样本每个变量值之差的平方和。其计算公式如下所示：

$$d_{ij} = \sum_{k=1}^{m} (x_{ki} - x_{kj})^2 \qquad （式5-1）$$

这一公式意味着同次元的变量 x_k 是将个体 i 与个体 j 的几何距离的平方。适用于想更加强调距离偏离的情况。

进行阶层聚类分析时，个体处于各个零散状态时，依据计算公式（5-1）中所说明的方法，使相近的个体进行同一聚类结合。但是，若进入以下阶段进行聚类之间结合时，本研究使用 Ward 法，即在聚类过程中，使小类内各个样本的欧氏距离总平方和增加最小的两小类合并成一类。

其计算公式如下所示：

$$d_{rs} = \frac{n_p + n_s}{n_r + n_s}d_{ps} + \frac{n_q + n_s}{n_r + n_s}d_{qs} - \frac{n_s}{n_r + n_s}d_{pq} \qquad （式5-2）$$

此方法很难产生锁效果。另外，通常测量个体间距离的方法使用平方欧几里得度量法。

第二节　第 I 期（1998 年）地区类型化

一、聚类聚集过程

我们用坐标表示聚类聚集过程的系数（距离）推移，显示从横轴左面第 1 个开始作为"阶段"聚类结合的系数推移。因为全部县为 41 个，纵轴是表示该个体间距离的系数，因此存在从两个个体首先结合的阶段（第 1 阶段·1 号）到所有个体被包含在一个聚类的阶段（第 40 阶段）。该系数到第 31 阶段在逐渐增大，在第 32 阶段，系数急剧增大。另外，第 32 阶段的结合个体编号是（3、13）的结合。其系数（距离）为 5.727。并且该聚类间的距离的整体平均值为 6.021。我们可以预测从第 32 阶段开始，全省的 41 县的地区间的社会·经济关系及农业关系发生激烈的结构变化。

根据上述理由，我们在聚类重新标定距离（Rescaled Distance Cluster Combine）的平均值及差值最小，发生激烈的社会距离的阶段（第 32 阶段，系数＝5.727）采用聚类数。用 5.727 划实线的结果是第 I 期（1998 年）的聚类分析将整体的 41 个县分为 3 个类型化。下面对被类型化分类的

3 个地区类型的地区特性进行说明。

二、类型 A 的地区特性

本类型共包含 21 个县，占分析对象地区 41 县的 51%。让我们来看一下属于此类型的县的指定地区类别（少数民族县、国家贫困县、国家商品粮基地县分布）。其中有 5 个县属于少数民族自治县（5/15），全部位于延吉朝鲜族自治州；靖宇县等 6 个国家贫困县属于此类型；榆树县级市等 10 个国家商品粮食基地县属于此类型。这 10 个国家商品粮食基地县占全省商品粮食基地的 60%。另外，没有一个县既属于三个指定地区又符合类型 A，也不存在既属于国家贫困县又属于国家商品粮基地的县。从这一点我们可以发现属于此类型的县仅通过国家贫困县、少数民族县、国家商品粮基地县的贫困、民族、农业等特性无法进行说明。

从类别分类可以看到类型 A 整体的农业生产力落后于类型 C。社会经济力方面与类型 C 的差距很小。此类型的特点是表示其综合力的农村地区生活水准（−1.20）、社会经济力（−0.04）、农业生产力（−0.49），在 3 个类型中位于中间位置。属于此类型的县为在农业及经济方面相对落后的低收入水准的农村地区。观察属于此类型县的生活水准的相关指标，可以看到其具有如下特点：①该地区是人均医疗技术人数最低的地区；②公路普及率在 3 个类型中最高。这一地区主要是平原地区，道路建设与山地相比其投资更有效。另外，因为中国的干线道路哈尔滨—北京线主要从该地区的县通过，因此道路普及情况与其他地区相比较为先进。

观察属于此类型的县的社会经济因素的相关指标，可以看到其具有如下特点：①地区社会的规模以上企业生产率最高的平均值为 37 418 元。②从业者收入/农民平均收入的差距最小。另外，工业生产总值/农业生产总值的差距在 3 个地区类型中最小。人均地区第二产业生产额为 1 811 元，位于第 2 位。从这一点我们可以看到，该区域是农业与工业的产业结构均衡，农村地区的农业与非农业的产业、农业从业者与工业从业者的差距相对较小的类型地区。③非农业人口比率为42%，为农业从业者较多的地区。从这一点我们可以看到，这一类型的很多个县均为吉林省的主要商品粮基地，是积极进行传统耕种与农业经营的县。④观测计量类型内部差距的最大值与最小值的差距，我们可以发现规模以上企业生产力最激烈，达到70倍。从这一点我们可以预测在社会经济力方面，企业间的生产力差距很大程度上影响了整体的社会经济力的差距。

另一方面，从有关农业生产力主要因素的指标来看，其具有以下特点：①农民人均农业投资及农民人均拥有农业机械总动力在3个类型中处于最低水准，并且从平均耕地面积的收入量来看，我们可以发现这一地区是农业支援相对不足的县。②农民人均拥有农业机械总动力（0.52＜0.68）、农业人口人均耕地面积（2 168＜2 545）、农民人均农业投资（18.5＜23.7）、农民人均粮食生产量（1 210.8＜1 344.6），该地区是农业劳动生产力、农业支出低的地区。也就是，属于该类型的地区几乎均是农业生产力低的县。③平均耕地面积收入量为9.51（t/ha），比全省的平均值高。④农田有效灌溉面积比重比全省平均值高，从这一点我们可以理解为该地区是农业生产力低的地区，但正在通过化学肥料、劳动力等的集约型投入等方法以提高农业生产力。

属于此类型的县几乎均是社会经济生产力与农业生产力低的地区。同时此类型的县也是综合经济力弱、医疗水准低，类型内农工业间的收入差距大的县。并且由于属于此类型的县有5个少数民族自治县、5个国家贫困县、10个国家商品粮基地县，因此缩小该类型内具有不同特点的县间的差距，缩小与其他类型间的生活水准差距是该地区的重大课题。因此，我们可以理解为属于此类型的县的重要课题是调整与该省整体或其他省有相似特点的县的农村地区生活水准的差距，提高此类型的县的农村地区生活水准。

三、类型 B 的地区特征

总计有 4 个县属于此类型，占分析对象地区 41 县的 10%。让我们来看一下属于此类型县的不同指定区域（少数民族县、国家贫困县、国家商品粮食基地县分布）。其中，有 3 个县（长白朝鲜族自治县等）属于少数民族自治县（3/15），1 个县（敦化县级市）属于国家商品粮食基地县，均符合类型 B。特别是 3 个少数民族自治县占此类型的 75%。另外，敦化市既是少数民族自治县、国家商品粮食基地，又是属于类型 B 地区的县。从这一点上我们可以看到属于此类型的县有少数民族县，国家商品粮基地县的民族、农业的特点。属于此类型的县，其农业生产活力整体为正数，农业生产力低下。但是，社会经济力有 4 个县显示正的数值，表示该地区为社会经济力高的地区。

此类型的特点是显示此类型综合生产力的农村地区生活水准（0.78）、社会经济力（1.06）、农业生产力（-0.77）在 3 个类型中，其生活水准的得分为最大数值。属于此类型的县在社会经济方面，为相对高水准的农村地区。另外，在农业相关方面，显示相对较低的农业生产力。

首先观察属于此类型的县的生活水准指标，可以看到其具有以下特点：①该地区为人均地区社会生产总值最高的地区；②人均居民年存款余额也最高，数值为 4 680 元，比平均值高 1.27 倍；③人均拥有卫生机构床位数量、人均拥有医疗技术人数与全省的平均值相比均为发达。在 3 个类型中，显示最高的数值。人均拥有家庭电话数量为（1 500 部/万人），也比全省的平均值（1 143 部/万人）高，是类型 C（822 部/万人）的 1.39 倍。也就是说属于类型 B 的地区是农村地区生活水准相对较高的地区。

另外，观察属于此类型的县的社会经济因素的相关指标，可以看到其具有以下特点：①人均财政收入为 567（元/人），人均财政支出为 700（元/人），其平均值在三个地区社会最高，为 37 418（元/人）。从这一点我们可以发现该类型的农村地区的财政状况相对较好。我们也可理解为对财政支援的依赖度较低，财政上的自理能力高。②人均地区第二产业生产额为 2 465（元/人），人均地区第三产业生产额为 2 099（元/人），比全省的平均值高，为三个类型中最高的地区。从这一点我们可以知道该地区工业及第三产业活跃，与传统的国家商品粮基地相比，该地区是非农业发达的地区。③非农业人口比率为 59%，该地区是非农业从业者多的地区。城镇从业者收入为 6 477 元，占全省平均非农业人口比率的 44%，明显高出全省城镇从业者收入（5 806 元）。从这一点我们可以知道在该类型的县中由于城市化及工业经济发展，从业者收入获得实惠。④规模以上企业生产力为 23 452（元/人），比全省的平均值 27 612（元/人）低。观察测量类型内部的差距的不同变量的最大值与最小值，我们可以知道规模以上企业生产力为 5.52，差距非常大。

观察农业生产力的相关指标我们可以看到其具有以下特点。①农民人均农业投资（元/人）为 33.53，与全省平均值相比高出 23.72，但是该地区社会的农业人口人均耕地面积（ha/万人）（2 007 元）稍稍低于自治区平均值（2 545 元）。这是因为属于此类型的土地形态与耕种用的平原土地相比多为山地土地形态。另外，由于布局条件限制，对于土地的资本投资需要更多的成本。②从农业资本的投入来看，农民人均拥有农业机械总动力（KW/人）高，化学肥料的平均粮食生产量（t）也处于高水准。从这一点我们可以知道该地区对于农业机械资本、化学肥料的依赖度高。③从农田有效灌溉面积比重来看，由于土地的形态多为山地，因此，有效灌溉的耕地比率低。另外，由于自然布局条件比其他地区落后，因此有效灌溉面积也很低。其结果是，耕地面积平均收入量比全省平均值低。④观测类型内部差距的最大值与最小值的差距，我们可以看到农民人均粮食生产量最低，为 2.07 倍，这比其他的两个类型地区的差距小。但是从类型内部来看，农业劳动生产力的差距也很大。

如上所示，属于此类型的县为严重受到山地耕地这样的自然条件限制的农村地区，其正在积极进行农业支出，以支持该地区的农业生产。但是由于该地区正在发展非农业，因此该类型的地区生活水准远远高出全省的平均值的县。

四、类型 C 的地区特征

总计有 16 个县属于此类型，占分析对象地区 41 个县的 39%。让我们来看一下属于此类型的县的不同指定地区（少数民族县、国家贫困县、国家商品粮基地县分布）。其中，2 个县（前郭尔罗斯蒙古族自治县、伊通满族自治县）属于少数民族自治县（2/15），13 个县（德惠县级市）属于国家商品粮基地县，均符合类型 C。占全省国家商品粮基地县的比率为 52%（13/25）。并且，国家贫困县（大安县级市）属于此类型。

属于此类型的县几乎均是与内蒙古自治区相邻的地区，位于吉林省的西北部。属于此类型的县中，有 12 个县属于第 2 象限。其农业生产力整体呈正数，农业生产力较高。

但是，13 个县的社会经济力显示为负数，表明该地区为社会经济力较低的地区。该类型地区的农村地区生活水准（-1.89）、社会经济力（-0.21）、农业生产力（0.83），在 3 个类型中，农村地区生活水准的得分最低。属于此类型的县为在农业关系方面处于相对低水准的农村地区。另外，在社会经济力方面，显示相对较低的数值。

首先，观察此类型的县的生活水准相关的指标，我们可以看到其具有以下特点。①人均居民年存款余额最低；②人均地区社会生产总值也最低，其数值为 5 235 元，比平均值低；③人均医疗设施床数量、人均医疗技术人数与全省的平均值相比落后。在 3 个类型中显示最低数值。也就是说，属于类型 C 的地区为农村地区生活水准相对较低的边境地区。

其次，观察属于此类型的县的社会经济因素的相关指标，我们可以看到其具有以下特点。①人均财政收入为 303（元/人），人均财政支出为 380.94（元/人），在 3 个地区社会显示最低数值，从这一点我们可以知道该类型的农村地区的财政相对较差。但是从财政收入与财政支出的差距不大来看我们可以理解为该地区是财政收支整体上较平衡的地区。②人均地区第二产业生产额为 1 568（元/人），人均地区第三产业生产额为 1 500（元/人），比全省的平均值低，为三个类型中最低的地区。从这一点我们可以知道这一地区是工业及第三产业的市场未发达地区，是对于传统的自然资源依赖度较强的农业县特性较突出的地区。③工业生产总值/农业生产总值（倍）为 1.6 倍，非农业从业者为 31%，这一类型的地区为农业从业者明显较多的地区。城镇从业者收入为 5 458 元，与全省平均的城镇从业者收入 5 806 元相比明显较低。从这一点我们可以发现，该类型的县是城市化及工业经济发展低的低开发地区。④规模以上企业生产性为 21 965（元/人），与全省的平均值 27 612（元/人）相比明显较低。另外，测量类型内部的差距的不同变量的最大值与最小值，我们可以发现规模以上企业生产率为 13.47，差距非常大。

最后，从农业生产力的相关指标来看，其具有以下特点。

①农民人均农业投资为 19.10（元/人），与全省的平均值相比明显下降 23.72。但是，地区社会的农业人口人均耕地面积 3 459（ha/万人）明显超过全省的平均值（2 545 ha/万人）。属于此类型的县的土地形态以耕种用的平原耕地为中心，是自然布局条件好的地区。②从农业资本投入来看，农民人均拥有农业机械总动力 0.8（KW/人）高，农民人均粮食生产量（t）也处于高水准。但是，化肥平均粮食生产量低。从这一点我们可以看到，该地区对于农业机械资本、人员资本的依赖度高，对于化学肥料的依赖度处于相对较低的水准。③从农田有效灌溉面积比重来看，由于土地的形态平原较多，有效灌溉的耕地比率高。但是，耕地面积平均收入量与全省平均值相比较低。④观测类型内部差距的最大值与最小值的差距，

可以看到农民人均农业投资达 27.86 倍，这与其他的两个类型地区相比差距较大。但是，因为该地区的县具有国家商品粮基地与非国家商品粮基地两种特性，因此在政府的扶助金上产生差距。

如上所示，属于此类型的县是平原耕地这样布局条件好的农村地区，农业支出受限，劳动生产力相对较高。另外，从农业依赖度较高这一点来看，该类型的地区与其他类型相比差距较大。但是，农业正在发展，此类型的地区生活水准与全省的平均相比明显较低的县。

以上对使用第 I 期（1998 年）的农业生产力及社会经济力，分析了聚类分析结果的各类型的地区特点。在此，通过进行农业生产力及社会经济力的类型间的比较，把握缩小农村地区生活水准的类型间差距的主要因素。

我们可以看到在三个类型中，经济发展的差距非常明显，尤其是我们可以发现工业化的差距影响农村地区生活水准。同时，表示各个类型内的不同变量的差距的最大值与最小值的差距主要是工业企业生产性指标与产业间的差距。从这一点我们可以看到，这一地区虽然是市场经济开发较低的地区，但由于地方政府的公共投资及民间投资，城市化及工业化的不断推进，促进了经济发展，使农村地区生活水准有所提高，同时也产生了地区间差距。

第三节　第 II 期（2001 年）地区类型化

一、聚类聚集过程

我们用坐标表示聚类聚集过程的系数（距离）的推移，从横轴左面第 1 个开始显示作为阶段，聚类进行结合的系数推移情况。因为共有 41 个县，包含从两个个体初次结合的阶段（第 1 阶段·1 个），到整体被结合为一个聚类的阶段（第 40 阶段）。纵轴是表示个体间距离的系数。从图中我们可以看到系数到第 32 阶段为止在逐渐增加，在第 33 阶段系数急剧增加。第 33 阶段的结合个体编号是（12、28）的结合，其系数（距离）为 6.344，并且聚类间的距离的整体平均值为 6.151。我们可以预测从第 33 阶段开始全省 41 县的地区间的社会经济因素及农业生产因素发生了激烈的结构变化。

根据以上理由，我们在聚类重新标定距离的平均值与差值最小，发生激烈的社会距离的第 33 阶段（系数=6.344），采用聚类数。用 6.344 来划实线的结果是第 Ⅱ 期（2001 年）的聚类分析在全体的 41 县被分为 4 个类型。以下对被类型化的 4 个地区类型的地区特征进行说明。

二、类型 A′ 的地区特征

这一类型总计包含 24 个县，占分析对象地区 41 县的 58%。观察属于此类型的县的不同指定地区（少数民族县、国家贫困县、国家商品粮食基地县分布）。有 6 个县属于少数民族自治县（6/15），4 个县位于延吉朝鲜族自治州（二级行政区）。在被列为国家贫困县的县中，（龙井市、和龙市、汪清县、安图县、镇赍县）等（5/8）县属于此类型。另外，国家商品粮食基地等 9 个县属于此类型。这 9 个国家商品粮基地县占全省商品粮基地的 36%。另外，只有镇赍县既属于国家商品粮基地及国家贫困县，又属于此类型。从这一点我们可以看到属于此类型的县具有贫困县、少数民族县、国家商品粮的贫困、民族、农业等多样的特点。属于此时期的县中，从类别来看，类型 A 属于第 2、第 3、第 4 象限；类型 B 全部属于第 2 象限；类型 C 的 10 个县中有 8 个县属于第 3 象限、第 4 象限；类型 D 显示异常值，与其他县相比所有的数值都为较高的数值。

从不同类型来看，类型 A 与类型 B 相比，其整体的农业生产力低下，社会经济力与类型 A 的差距甚小。另外，类型 C 的农业生产力比其他的 2 类型地区低。我们可以看到社会经济力与其他的地区相比稍微有所增加。

此类型的特点是表示该类型的综合生产力的农村地区生活水准（-0.22）、社会经济力（-0.16）、农业生产力（0.04）在四个类型中处于低位，比平均值低，属于此类型的县在社会经济方面，是相对落后的低收入水准的农村地区。

首先，观察属于此类型的县的生活水准的相关指标，我们可以看到其具有以下特点。①人均国内总生产为6 238元，与全省的平均值6 153元相比较高，在三个地区类型中处于中位。②人均居民年存款余额与农民平均收入分别为3 433元、1 980元，与全省的平均值相比较低。③另外，从医疗、福利角度来分每万人的技术人数为37.5名，每万人的医院床数为23.9床，与全省的平均值相比较低，在三个类型中最低。④人均拥有家庭电话数量也非常低，其数值为每万人1 361部，与全省的平均值1 435部相比较低。⑤公路普及率及铁路普及率比全省低，可以预测与其他类型相比，该类型欠缺对于公共事业的投资。⑥从不同变量角度观察类型A内部的差距，我们发现人均居民年存款余额的最大值与最小值的倍率为46倍，公路普及率、铁路普及率达数十倍以上，居民收入及社会资本投资的差距大。

其次，从属于此类型的县的社会经济因素的指标来看，其具有以下特点。①该地区处于地区社会的人均财政收入、人均财政支出最低，欠缺稳定财源的情况。②城镇从业者收入/农民平均收入为1.17，其差距在三个地区类型中最低。人均地区第二产业生产额为2 076元，占第2位。从这一点我们可以看到农业与工业的产业结构均衡，该地区是农村地区的农业与非农业的产业、农业从业者与工业从业者的差距相对较小的地区。③非农业人口比率为36%，该地区是农业从业者的比率较大的地区。从这一点我们可以看到尽管中国整体经济在急速发展，但位于内陆的农村经济的产业结构的变化却受到很大限制。④观测计量类型内部差距的最大值与最小值的差距，可以发现规模以上企业生产效率最为激烈，达到21倍。从这一点来看，社会经济活力大大影响了规模以上企业的生产力，期待社会经济力不断发展，成为加大地区经济的有力支柱。

最后，从农业生产活力主要因素指标来看，可以看到其具有如下特点。

①从农民人均农业投资及化肥平均粮食生产量处于低水准的情况中，我们可以知道该地区是农业支援与生产要素投入相对不足的县。②农业人均拥有耕地面积为 2 647，大于全省 2 570，农民人均农作物耕地面积为 0.27，小于全省 0.30 是资源条件较低的地区。另外，从资本投入来看，农民人均拥有农业机械总动力为 0.75 小于全省 0.8。农民人均粮食生产量、耕地面积平均收入量比全省的平均值高。也就是说，在生产要素的土地与资本投入有限的情况下，土地生产力与劳动生产力高。

属于此类型的县几乎均是对农业依赖度高的县。其财政收支平衡较好，但确保稳定的财政来源是此类型的县所面对的重要课题。并且，类型间的农业工业间的生产力的差距与其他的类型相比较小，类型内的差距还很激烈。由于属于此类型的县占分析对象地区整体的58%，因此，缩小农业工业间收入差距、缩小与其他类型间的收入水准差距是此类型县面临的重大课题。因此，从提高农村地区生活水准角度考虑，此类型的课题属于较大的焦点问题。

三、类型 B′ 的地区特征

属于此类型的县总计有6个，占分析对象地区41县的14.6%。我们来观察一下属于此类型的县的不同指定地区（少数民族县、国家贫困县、国家商品粮基地县分布）。有 2 个县（延吉市、伊通满族自治县）属于少数民族自治县（2 /15），3 个县属于国家商品粮基地县（伊通满族自治县）。国家贫困县（大安市）也属于此类型。3 个国家商品粮基地县占此类型的50%，2 个少数民族县占此类型的33%。另外，伊通满族自治县是既属于少数民族自治县、国家商品粮食基地，又属于类型 B′地区的县。从这一点我们可以看到属于此类型的县具有少数民族县、国家商品粮基地县的民族、农业等特点。第二期（2001 年）地区类型的县的特点是表示此类型综合生产力的农村地区生活水准（−0.10）、社会经济力（0.11）、农业生产力（0.89）在 4 个类型中其生活水准的得分处于低值。属于此类型的县在社会经济面是相对低水准的农村地区。并且其在农业关系面，显示最高的农业生产力。

首先，观察属于此类型的生活水准的相关指标可以看到其具有以下特点。①人均地区生产总值最低。②人均居民年存款余额最低。其数值为3 819元，与平均值相比较少。③人均拥有卫生机构床位数量、人均拥有医疗技术人数与全省的平均值的相差甚小。人均拥有家庭电话数量为 1 413（部/万人），与全省的平均值 1 435（部/万人）相比较低。也就是，属于此类型 B′的地区属于农村地区生活水准相对较低的地区。

其次，观察属于此类型的县的社会经济因素的指标，我们可以看到其具有以下特征。①人均财政收入为 540（元/人），人均财政支出为 548（元/人），在 4 个地区社会是财政赤字最少的地区。从这一点我们可以发现该类型的农村地区是财政收支较好的地区。②人均地区第二产业生产额为 1 789（元/人），人均地区第三产业生产额为 1 927（元/人），比全省的平均值低，是四个类型中最低的地区。从这一点我们可以预测该地区工业及第三产业的发展落后，工业化对于农村地区生活水准的提高的贡献较少。③非农业人口比率为 36%，是农业从业者较多的地区。城镇从业者收入为 6 594 元，占全省平均的非农业人口比率的 40%，比城镇从业者收入 6 532 元低。从这一点我们可以看到，此类型的县是城市化及工业化发展落后的地区。④规模以上企业生产力为 30 005（元/人），比全省的平均值低 32 652（元/人）。另外，从工业农业间的差距来看，工业与农业间从业者的差距为 3.81，非常高。

最后，从农业生产力的相关指标来看，其具有以下特征。①农民人均农业投资（元/人）为 33.53，与全省平均水准相比，上涨 17.90。但是，地区社会的农业人均拥有耕地面积稍微超过省平均值（2 570），为 3 543。这是因为属于此类型的县的土地形态以耕种用平原耕地为中心。②从农业资本的投入来看，农民人均拥有农业机械总动力（1.07 kw/人）很高，农田有效灌溉面积比重（44%）也属于高水准。从这里我们可以看到，这一地区为对农业机械资本、灌溉农业的依赖度较高的区域。③观察类型内部的差距的最大值与最小值的差距，可以看到农田有效灌溉面积比重最低，为 2.4 倍。这与其他 3 个类型地区相比差距较小。据此我们可以预测，在农业经济的支出能力有限的条件下其自然条件为平原。

第六章 结论和课题后续研究方向

改革开放 40 多年来，中国经济取得了惊人的发展。但与此形成鲜明对比的是，农村地区的生活水准停滞不前，其与城市地区的差距没有缩小。特别是关于农村、农民、农业的"三农"问题，成为中国政府近阶段面临的最重要的课题。城乡居民、沿海地区和内陆地区由于自然条件不同，地区居民之间生活水准存在较大差距。另一方面，地区开发最困难的是在自然条件恶劣地区的农村居民很难得到完全的救济。由于信息、通信、交通、资源的限制，很难得到外界的信息，而且也很难找到农外就业的机会。另外，农村贫困问题和少数民族地区的生活问题有可能发展为民族、政治、社会问题。

因此，现阶段是把富裕沿海地区的成果转向贫困内陆地区的开发阶段，"西部大开发战略""振兴东北老工业基地战略"可以说是遵循了发展理论。同时，从实施均衡发展战略政策可以看出，从经济增长最优先的现有政策转向了重视民生。特别是在 2002 年，党的十六大正式把全面建设小康社会确立为我国 21 世纪头 20 年的社会发展目标。而且，从 2006 年开始的"第十一个五年计划"中强调的同时实现"社会稳定"和"维持高增长"的目标。

带着这样的问题意识，本书分析了吉林省农村地区的生活水准，此外，将分析重点放在位于中国东北部的吉林省的第三行政级别（县）上，并提出以下几个问题。

首先，关注吉林省生活水准存在地区差异的现状，分析影响生活水准的农业内部因素和农业外部因素，分析产生影响力的最重要的社会、经济、产业因素。此外，通过确定引起地区间生活水准差距的因素，为纠正地区间差距提出政策建议。为此，基于 2004 年吉林省 41 个三级行政级（县）地区的二次资料，采用主成分分析、多元回归分析进行横向分析。

其次，根据时间序列的推移来观测影响农村地区生活水准的社会、经济、产业因素对生活水准的影响程度。另外，从社会经济层面和农业产业层面分析影响农村地区生活水准的决定性因素。这样一来，从横向的静态分析到动态分析，可以观测过去的决定因素的推移，将其放在自然地理条件、经济条件相似的县，可以为政策制定提供参考。可以简单地预测，拥有众多国家商品粮基地的吉林省农村地区在农业区县和新兴工业区县之间存在差距。为了考察这一点，以农业生产相关指标和社会经济相关指标为重心，收集了时间序列的变量数据。并且，将其纵轴作为农业生产力，横轴作为社会经济力，考察了其动向。

最后，根据对农村地区生活水准产生影响的社会经济力和农业生产力进行了地区类型化，明确了各地区的地区特性。也就是说，通过分析不同地区类型生活水准的因素的特性，揭示了不同类型影响农村地区生活水准形成的因素。同时，根据分布对象的不同类型的县，随着时间的推移，分析了对农业生产力和社会经济力的依赖程度的变化，影响因素的变化趋势特征。

通过分析，得到的结论如下。

（1）根据横向分析的结果，对于作为中介变量的农业生产力的影响因素，最有力的解释变量是机械、化肥整备率。这说明，吉林省作为中国主要的商品粮基地，在技术上的发展取得了良好的效果。换句话说，在提高农业生产力的良种改良、灌溉、机械、肥料集约投入为特点的农业集约生产法中，吉林省的机械、肥料等资本投入明显见效。因此，可以认为吉林省在农村地区先期投入的中心是机械、肥料。也就是说，在"科学农业"的背景下，农业的资本投入对吉林省农业生产力的贡献很大。另外，直接说明农业生产力的主要成分是玉米种植面积比率。但其 β 系数为负，从这一点来看，虽然有惊人的机械技术的应用，但是作为生物生产过程的农业生产力的提高，并没有摆脱土地自然资源的制约。也就是说，吉林省农村地区的农业生产力高的地区，其耕地面积玉米高，并且机械、化学肥料整备率效率化程度高。但这些地区的经济作物的成功栽培，不能得出地区"科学农业"投入依赖度较高的结论。

（2）对于作为被解释变量的工业生产力的影响因素，最有力的解释变量是民间资本投入度。换言之，非国有经济的发展将成为工业生产力的新动力。事实证明，中国经济增速排名前五的省份（广东省、山东省、浙江省、福建省、江苏省），其经济主体已从国有企业向非国有企业发生根本性转变。吉林省也经历了经济改革，随着市场化要素的增加和非国有经济的快速发展，地区国有经济比重缩小。也就是说，非国有经济的扩大发展提高了工业生产力。

（3）作为中介变量的地方财政的影响因素，最有力的解释变量是企业利润率。由此可见，作为评价工业企业经营效率的重要指标"利润率"对地方财政的稳定性起到了很大的影响。

（4）对于农村地区生活水准的影响因素，最有力的解释变量是平均所得税依存度。另外，从地方财政中分析出的企业所得税依存度也对农村地区生活水准产生了影响。由此可见，在分析三个时期时，地方财政对吉林省农村地区生活水准的影响力最大。

（5）从时间序列分析来看，每三个时期的回归分析结果表明，社会经济力对农村地区生活水准具有统计意义和直接影响。也就是说，社会经济力能够解释各个时期收入水平分散的80%以上。而且，社会经济力对农村地区生活水准的影响程度在各个时期几乎没有差别，并呈现出很强的趋势。

但是，农业生产力对农村地区生活水准的直接影响仅为 5%，在统计上没有意义。另外，从相关系数来看，可以认定在 3 个时期中有意义。由此可见，农业生产力对农村地区生活水准的影响不是直接的，而是间接的。而且，从系数来看，社会经济力在 3 个时期都呈现出正值，而农业生产力在 3 个时期都呈现出弱负系数。

这个结果显示，农村地区生活水准的农业生产力发展的不均衡是既定的影响，社会经济力激化农村地区生活水准的不平等发展，均衡地区之间、产业之间的差距，这才是省政府政策和地方自治的重要课题。

（6）到目前为止，吉林省农村地区的生活水准的差距是由社会经济力引起的。另外，按地区类型来看，吉林省大致分为三个地区。类型 A 所属的县主要是山林面积多、非农业人口比率少的特征，也就是所谓的农村村庄地区。换句话说，是社会经济力相对落后的地区。另外，属于该类型的县经过 3 个时期，平均值为 49%，占全体的多数，因此成为了纠正农村生活地区间差距的关键。并且，从其动向来看，农业依存度在 1998 年到 2004 年之间呈现出逐渐下降的趋势。

类型 B 是指农工之间生产效率差距较大，从业人员收入较高，非农业人口比例较高的地区。也就是说，是具有工业聚集性质的农村地区。从这三个时期来看，这些地区对农业的依赖度在第一期和第二期较高，但到了第三期就急剧减少。另外，从社会经济力来看，第 1 期和第 2 期并没有多大差别，但第 3 期却急剧上升。由此可以理解，属于这种类型的县正在进行产业结构的转换。

类型 C 的非农业人口比例三个时期平均为 33%，人均地区第二产业产值、人均地区第三产业产值均与全省平均值差距较大。而且，从财政收入和支出来看，也是财政基础薄弱的地区。也就是说，是城市化和工业化较少的农业中心地区。另外，从其地形特征来看，是山林稀少的平地农村中心地区。另外，这些县经过 3 个时期的发展，全体都包含 33% 的多数地域。另外，农业依存度依然较强，是调整产业结构的重要地区。并且，从其动向来看，农业依存度从 1998 年到 2001 年有逐渐下降的趋势。但是，从 2004 年开始，这一趋势趋于停止。另外，其社会经济力正逐渐从整体上沿着水平轴移动，但其移动速度在 2004 年以后开始有所减缓。

（7）从地区类型化的推移模式的讨论中得到了以下的主要结果。

模型 1 是各个时期的地域特征没有太大变化的集合，经过三个时期发展，一直停滞在全省平均的社会经济力和农业生产力的水平。由此可见，在重视传统农业的同时，非农业的发展并没有对社会结构产生很大的变化。

模型 2 共适用 3 个地区，其特征是，农业生产力进入第 2 期以后，有向具有较高农业生产力的类型变化的倾向。但是，依靠农业生产力的提高变化，在长期内是无效的。也就是说，进入第 3 期后，在社会经济力没有变化的情况下，中高层的生活水准是不可能的。虽然不是一贯属于同一类型，而是向具有不同特质的类型发展，但最终还是会归于同一类型。

模型 3 共适用于 3 个地域，其特征是，农业生产力进入第 2 期以后有向更高的社会经济力的类型变化的倾向。但是，进入第 3 期以后，虽然农业生产力有所下降，但社会经济力仍然保持着中高水平。另外，属于该类型的县是农业条件不好的非国家商品粮产业基地县。

模型 4 共适用于 3 个地区，其特征是社会经济力在三个时期内始终处于较低水平。但是，进入第 3 期后，农业生产力呈现出向具有较高农业生产力的类型变化的趋势。因此，虽然农村地区生活水准发生了变化，但随着农业生产力的提高，农村地区生活水准的位置正在相对下降。由此可见，这些地区农业生产力的提高，将为其他地区的发展提供重要参考，使其摆脱不了低生活水准。

模型 5 共适用于 3 个地区，其特征是农业生产力在 3 个时期具有低水平的同一性。但是进入第 2 期以后，有向具有较高社会经济力的类型变化的倾向。由此，农村地区生活水准发生变化，居全省相对高位。但是，进入第三期以后，随着社会经济力的下降，社会经济水平倒退到中高位的生活水准。

模型6共适用8个地区，其特征是农业生产力在3个时期处于高位。另外，在各个时期，社会经济力都停留在较低的水平。但是，进入第三时期后，社会经济力从低档上升到了中低档。再者，农业生产力从中高位到高位有变化的倾向。从这件事中可以看出农业生产力和社会经济力互补的重要性。也就是说，农业生产力的提高只有通过社会经济力量的发展，使工商业部门的劳动力需求向农业劳动力减少的方向转移，才有充分的效果。

模型7共适用4个地区，其特征是农业生产力进入第2期以后有向具有较高社会经济力的类型变化的倾向。但是进入第3期以后，社会经济力下降，农业生产力一直维持在高水平。

模型8共适用2个地区，其特征是这些县第一高社会经济力，属于中、低农业生产力的类型，但第二期开始，逐渐成为类型相对更大的社会经济力。但是，农业生产力有下降的倾向。另一方面，这种倾向到了第三期之后，没有明显的变化。其结果是，由于第二时期发生的变化，农村地区的生活水准发生了很大的变化，并有所上升，进入第三期后，属于具有相同特性的地区类型，没有出现生产力转移的结果。

本书对农村地区生活水准的影响因素进行了实证分析。一方面，关于农村地区生活水准的因素，虽然利用统计资料进行了分析，但由于生活水准的影响因素复杂，从有限的数据中不能完全掌握现状。同时，不能反映在统计资料中的因素也有很多。因此，今后有必要进行更详细的调查和分析。另一方面，关于生活水准的对策，主要着重于把握现状及其课题。但是生活水准具有多个方面，因此，今后有必要讨论包括医疗、营养、心理等多个方面的问题。同时，"振兴东北老工业基地战略"是长期政策，今后有必要对该政策与生活水准的关系进行跟踪分析。另外，由于本书是根据二次资料进行的分析，因此缺乏居民家庭层面的观点。今后可以考虑通过实地考察进行问卷调查和听取调查等方式作为二次数据的补充工作，这也是我今后课题中需考虑的问题。

参考文献

中文

［1］斯丽娟，曹昊煜. 县域经济推动高质量乡村振兴：历史演进、双重逻辑与实现路径［J］. 武汉大学学报（哲学社会科学版），2022，75（05）：165-174.

［2］翟坤周. 共同富裕导向下乡村振兴的东西部协作机制重构：基于四个典型县域协作治理模式的实践考察［J］. 求实，2022，（05）：77-95，112.

［3］黄承伟. 共同富裕视野下乡村振兴理论研究前沿问题及发展方向［J］. 华中农业大学学报（社会科学版），2022，（05）：1-10.

［4］程国强，马晓琛，肖雪灵. 推进巩固拓展脱贫攻坚成果同乡村振兴有效衔接的战略思考与政策选择［J］. 华中农业大学学报（社会科学版），2022，（06）：1-9.

［5］吴高辉，朱侃. 接续推进乡村振兴中的社会政策发展路径与动力机制［J］. 华中农业大学学报（社会科学版），2022，（05）：21-31.

［6］李博，刘佳璇. 从精准扶贫到乡村振兴：脱贫攻坚成果拓展的逻辑探析［J］. 山西农业大学学报（社会科学版），2022，21（05）：31-40.

［7］许汉泽，邵瑞雪. 从运动式治理到常规化治理：脱贫攻坚与乡村振兴有效衔接的逻辑转换［J］. 山西农业大学学报（社会科学版），2022，

21 （05）：41-48.

[8] 顾仲阳. 推动拓展脱贫攻坚成果同乡村振兴有效衔接高质量发展 [N]. 人民日报，2023-07-04 （010）.

[9] 刘大杰. 全面推进吉林省乡村振兴加快农业农村现代化的实施路径研究 [J]. 农业与技术，2022，42 （18）：175-177.

[10] 张韬. 科学构建巩固脱贫攻坚成果同乡村振兴有效衔接机制 [J]. 人民论坛，2022，（17）：68-70.

[11] 宋振江，吴宝姝，朱述斌. 脱贫攻坚与乡村振兴有效衔接背景下精准扶贫产业成果的巩固与提升策略研究：以南昌市为例 [J]. 老区建设，2023，（06）：11-21.

[12] 张川. 在脱贫攻坚与乡村振兴有效衔接中淬炼农村干部：以驻村"第一书记"为例 [J]. 经济师，2023，（08）：129-130.

[13] 潘梅，史官清，李清. 岑溪市梨木镇水井村脱贫攻坚同乡村振兴有效衔接的策略研究 [J]. 山西农经，2023，（15）：107-109.

[14] 毛海啸. 关于巩固拓展脱贫攻坚成果同乡村振兴有效衔接的调研与思考 [J]. 四川农业与农机，2023，（04）：23-24.

[15] 丁露露. 巩固拓展脱贫攻坚成果与乡村振兴有效衔接的经验传承与路径选择 [J]. 农村经济与科技，2023，34 （13）：10-13.

[16] 高清峰. 三门峡湖滨区脱贫攻坚与乡村振兴有效衔接的路径研究 [J]. 国际公关，2023，（13）：86-88.

[17] 杜晓鹏，张煜林. 巩固拓展脱贫攻坚成果同乡村振兴有效衔接研究：以新疆生产建设兵团第十四师 225 团为例 [J]. 南方农机，2023，54 （19）：125-128，181.

[18] 吴丰华. 巩固拓展脱贫攻坚成果同乡村振兴有效衔接的三重逻辑、重点维度与支撑体系 [J]. 改革与战略：1-16.

[19] 吴礼娜. 上半年投入巩固拓展脱贫攻坚成果同乡村振兴有效衔接

资金约 5.1 亿元 [N]. 北海日报, 2023-08-12 (001).

[20] 肖永刚, 栾坤, 赵娣, 王维聪. 支持脱贫攻坚同乡村振兴有效衔接探究 [J]. 农业发展与金融, 2022, (03): 57-58.

[21] 张太宇, 王燕红. 乡村振兴与共同富裕同向同行的金融支持路径 [J]. 沈阳师范大学学报 (社会科学版), 2022, 46 (05): 68-74.

[22] 杨毅, 许菁. 现阶段实施乡村振兴战略的突出问题与建议: 以洪江市沅河镇沅城村为例 [J]. 湖南农业科学, 2022, (09): 90-93.

[23] 白有秀. 巩固脱贫攻坚成果与乡村振兴有效衔接的对策研究: 以青海省 G 县 C 镇为例 [J]. 当代农机, 2022, (09): 97-98, 100.

[24] 唐亮, 郎润华. 巩固拓展脱贫攻坚成果同乡村振兴有效衔接研究 [J]. 西昌学院学报 (社会科学版), 2022, 34 (03): 41-45, 51.

[25] 李韫辉, 张素罗. 组织振兴助力脱贫攻坚与乡村振兴衔接: 以河北省 D 村基层党组织为例 [J]. 河北北方学院学报 (社会科学版), 2022, 38 (04): 59-63, 76.

[26] 尹璠. 利用"互联网"巩固拓展宁夏脱贫攻坚成果与乡村振兴战略的有效衔接 [J]. 中阿科技论坛 (中英文), 2022, (09): 57-60.

[27] 顾瑶, 伊全胜. 巩固拓展脱贫攻坚成果同乡村振兴有效衔接的路径研究: 以宁夏回族自治区为例 [J]. 理论观察, 2022, (09): 113-116.

[28] 姜晓芸. 公共政策视角下的脱贫攻坚与乡村振兴政策有效衔接的路径探析: 基于宁夏 Y 市 39 个村的调查与思考 [J]. 新西部, 2022, (09): 88-90.

[29] 李蕴哲. 人口较少民族脱贫攻坚与乡村振兴有效衔接的逻辑与路径: 基于马克思主义跨越理论的分析 [J]. 扬州大学学报 (人文社会科学版), 2022, 26 (05): 15-25.

[30] 杨天国. 巩固脱贫攻坚成果 着力推动乡村振兴: 玉门市脱贫攻坚与乡村振兴有效衔接的对策 [J]. 新西部, 2022, (10): 56-58.

[31] 郑旗锋, 戴俊玉. 助推巩固拓展脱贫攻坚成果同乡村振兴有效衔接的思考 [J]. 农业发展与金融, 2021, (10): 29-32.

[32] 田龙飞. 从脱贫攻坚到乡村振兴有效衔接的问题研究 [D]. 山东师范大学, 2023.

[33] 潘青青. 温州市永嘉县巽宅镇脱贫攻坚成果同乡村振兴有效衔接问题研究 [D]. 长春工业大学, 2023.

[34] 胡钰, 付饶, 金书秦. 脱贫攻坚与乡村振兴有机衔接中的生态环境关切 [J]. 改革, 2019 (10): 141-148.

[35] 高强. 脱贫攻坚与乡村振兴有机衔接的逻辑关系及政策安排 [J]. 南京农业大学学报 (社会科学版), 2019, 19 (05): 15-23, 154-155.

[36] 豆书龙, 叶敬忠. 乡村振兴与脱贫攻坚的有机衔接及其机制构建 [J]. 改革, 2019 (01): 19-29.

[37] 庄天慧, 孙锦杨, 杨浩. 脱贫攻坚与乡村振兴的内在逻辑及有机衔接路径研究 [J]. 西南民族大学学报 (人文社科版), 2018, 39 (12): 113-117.

[38] 张南. 乡村振兴战略背景下民族地区深度贫困的脱贫路径研究 [J]. 兰州学刊, 2020 (3): 168-180.

[39] 徐晓军, 张楠楠. 乡村振兴与脱贫攻坚的对接: 逻辑转换与实践路径 [J]. 湖北民族学院学报 (哲学社会科学版), 2019, 37 (06): 101-108.

[40] 王春城, 戴翊超. 促进脱贫攻坚与乡村振兴有机衔接的公共政策供给 [J]. 地方财政研究, 2019 (10): 75-81.

[41] 李智永. 乡村振兴与长效脱贫机制衔接的路径探析 [J]. 领导科学, 2019 (22): 110-113.

[42] 张帆. 乡村振兴战略中金融脱贫长效机制的构建 [J]. 农业经

济，2019（10）：75-76.

[43] 牛胜强. 乡村振兴背景下深度贫困地区产业脱贫困境及发展思路 [J]. 理论月刊，2019（10）：124-131.

[44] 叶敬忠，豆书龙，张明皓. 脱贫攻坚与社会建设的有机衔接：理论逻辑、实践困境与路径选择 [J]. 南京农业大学学报（社会科学版），2019，19（05）：1-7，154.

[45] 何琼峰，宁志中. 旅游脱贫攻坚助推贫困地区乡村振兴的思考 [J]. 农业现代化研究，2019，40（05）：721-727.

[46] 孙雪晴. 乡村振兴战略背景下教育脱贫攻坚的内涵、价值及实施路径 [J]. 教学与管理，2019（22）：9-12.

[47] 张亚玲，李雪蕾，郭忠兴. 统筹推进后脱贫时代脱贫攻坚与乡村振兴的有机衔接："脱贫攻坚与乡村振兴"学术研讨会综述 [J]. 南京农业大学学报（社会科学版），2019，19（06）：149-155.

[48] 孙巍，冯星. 东北振兴与脱贫攻坚协调推进政策机制分析 [J]. 统计与决策，2019，35（22）：63-66.

[49] 贺立龙. 乡村振兴的学术脉络与时代逻辑：一个经济学视角 [J]. 四川大学学报（哲学社会科学版），2019（05）：136-150.

[50] 张志胜. 脱贫攻坚领域贫困农民主体性的缺失与重塑：基于精神脱贫视角 [J]. 西北农林科技大学学报（社会科学版），2018（3）：72-81.

[51] 张勇. 社会资本投资农业的困境及出路探析 [J]. 农业经济，2018（9）：8-11

[52] 薛刚. 脱贫攻坚中贫困群众内生动力的作用及其激发对策 [J]. 行政管理改革，2018（7）：51-55.

[53] 巩前文，穆向丽，谷树忠. 脱贫产业开发新思路：打造跨区域脱贫产业区 [J]. 农业现代化研究，2015.

［54］徐明强，许汉泽. 新耦合治理：脱贫攻坚与基层党建的双重推进［J］. 西北农林科技大学学报（社会科学版），2018（3）：82-89

［55］习近平在打好脱贫攻坚攻坚战座谈会上强调：提高脱贫质量聚焦深贫地区，扎扎实实把脱贫攻坚战推向前进［N］. 人民日报. 2018-02-15（01）.

［56］黄承伟. 论习近平新时代中国特色社会主义脱贫思想［J］. 南京农业大学学报（社会科学版），2018（3）.

［57］王超，蒋彬. 乡村振兴战略背景下农村脱贫攻坚创新生态系统研究［J］. 四川师范大学学报（社会科学版），2018（3）.

英文

［1］FRANCOIS PERROUS. Economic space：theory and application［J］. Economic Quarterly，1955（05）：9-11.

［2］NIMA，G.（2019）Measures and safeguards to realize stable poverty alleviation in contiguous destitute areas based on human capital development［J］. Open Journal of Social Sciences，7，70-84.

［3］BARBU I. The factors appearance and development of rural tourism［J］. Annals of Faculty of Economics，2013，1（1）：750-758.

［4］BENNETT，COLIN J. 1991. "What is policy convergence and what cause it?," British Journal of Political Science，Cambridge University Press，vol. 21（2），pages 215-233，April.

［5］KOURTELIS. The Unintended Consequences of the EU's rural development programme in the Arab countryside［J］. The International Spectator，2019，54（1）：65-70.

［6］KOWALCZEWSKA K，BEHAGEL J，TURNHOUT E. Infrastructures of expertise：policy convergence and the implementation of the EU nitrates directive in Poland [J]. Journal of Environmental Planning & Management, 2017: 1-19.

[7] NAFISA, PRITI, SANGA, et al. Scope of policy convergence approach to freshwater management in rural harkhand: A review of public policy [J]. World Journal of Science, Technology and Sustainable Development, 2010, 12 (2): 129-147.

[8] PETERS, MICHAEL. International tourism: the economics and development of the international tourist trade [M]. London: Hutchinson Radius: 1969: 1-12.

[9] DE KADT, EMANUEL JEHUDA. Tourism-Passport to Development? Perspectives on the Social and Cultural Effects of Tourism in Developing Countries [M]. Oxford: Oxford Unive rsity Press, 1979. 34-39.

[10] DANIELA SCHILCHER. Growth Versus Equity: The Continuum of Pro-Poor Tourism and Neoliberal Governance [J]. Current Issues in Tourism, 2007, 10 (2-3): 166-193.

[11] ASHLEY C, ROE D, GOODWIN H. Pro-Poor Tourism Strategies: Making Tourism Work for the Poor [Z]. ODI, IIED and CRT, 2001.

[12] REGINA SCHEYVENS. Exploring the Tourism-Poverty Nexus [J]. Current Issues in Tour ism. 2007, 10 (2-3): 231-254.

[13] WEIBING ZHAO, J. R. BRENT RITCHIE. Tourism and Poverty Alleviation: An Integrative Research Framework [J]. Current Issues in Tourism, 2007, 10 (2-3): 119-143.

[14] DANIELA SCHILCHER. Growth Versus Equity: The Continuum of Pro-Poor Tourism and Neoliberal Governance [J]. Current Issues in Tourism. 2007, 10 (2-3): 166-193.

[15] RICHARD BUTLER, ROSS CURRAN. Pro-Poor Tourism in a First

World Urban Setting: Case Study of Glasgow Govan [J]. International Journal of Tourism Research. 2013, 15 (5): 443-457.

[16] RID W, EZEUDUJI. Segmentation by motivation for rural tourism activities in The Gambia [J]. Tourism Management, 2014, 40 (2): 102-116.

[17] BUTLER R, CURRAN R O, GORMAN K D. Pro-poor tourism in a firstWorld urban setting: Case study of Glasgow Govan [J]. International Journal of Tourism Research, 2013, 15 (5): 443-457.

[18] MARK P. HAMPTON. Heritage, local communities and economic development [J]. Annals of Tourism Research. 2005, 32 (3): 735-759.

[19] NYAUPANE G P, POUDEL S. Linkages among biodiversity, livelihood and tourism [J]. Annals of Tourism Research, 2011, 38 (4): 1344-1366.

[20] SCHECHNER, RICHARD. Remapping Memory [J]. International Journal of Humanities & Pe ace. 2003, 19 (1): 113-114.

[21] CHRISTIAN M. ROGERSON. Pro-Poor local economic development in South Africa: The role of pro-poor tourism [J]. Local Environment, 2006, 11 (1): 37-60.

[22] MICHAEL HALL, PATRICIA LINDO. Can community - based tourism contribute to developm ent and poverty alleviation? Lessons from Nicaragua [J]. Current Issues in Tourism, 20 11, 14 (8): 725-749.

[23] MAYER M. Can nature-based tourism benefits compensate for the costs of national parks? A study of the Bavarian Forest National Park, Germany [J]. Journal of Sustainable Tourism, 2014, 22 (4): 561-583.

[24] DELLER S. Rural poverty, tourism and spatial heterogeneity. [J]. Annals of Tourism Research, 2010, 37 (1): 180-205.

[25] KIERNAN K. The Nature Conservation, Geotourism and Poverty Re-

duction Nexus in Developing Countries: A Case Study from the Lao PDR [J].
Geoheritage, 2013, 5 (3): 207-225.

[26] REEDER R J, BROWN D M. Recreation, tourism, and rural
well-being. [J]. Economic Research Report, 2005 (7): 14-18.

[27] REGINA SCHEYVENS, MATT RUSSELL. Tourism and poverty al-
leviation in Fiji: comparin g the impacts of small-and large-scale tourism enter-
prises [J]. Journal of Sustainab le Tourism, 2012, 20 (3): 417-436.

后　记

　　本书获得龙谷大学经济研究科田野调查费的拨款。另外，在本稿的写作过程中，指导教授河村能夫教授、稻本志良教授、木下信博士、河村门下的诸位师兄弟和同门等很多人给予了很多指导和帮助。特别是，从我的硕士时期开始长期指导我的河村老师，谢谢您在百忙之中指导了本书的研究。另外，学会对事物的思考方式和统计性的研究方法不仅是我的研究内容，也是作为个人的重要财产。同时，曾经是河村研究室的助理，目前是内蒙古财经大学副教授的萨如拉博士对我也非常关照。在此，向上述各位致以深深的谢意。